Ralf Höller

# Was Ihr Chef nicht wissen muss …

*Ralf Höller*

# Was Ihr Chef nicht wissen muss …

*Das Lexikon für den Büroalltag*

**orell füssli** Verlag AG

Websites des Autors: *www.loquis.de*, *www.small-talk-themen.de*



Umschlagabbildung: iStockphoto
Umschlaggestaltung: Andreas Zollinger, Zürich
Druck: fgb • freiburger graphische betriebe, Freiburg

ISBN 978-3-280-05303-4

---

Bibliografische Information der Deutschen Bibliothek:
Die Deutsche Bibliothek verzeichnet diese Publikation in der Deutschen Nationalbibliografie; detaillierte bibliografische Daten sind im Internet über http://dnb.d-nb.de abrufbar.

# Einleitung

Alljährlich kürt der Büromaterial-Hersteller Leitz Deutschlands beste Sekretärin. Chancen auf diesen Titel hat, wer am besten Projekte managen, Statistiken erstellen, Veranstaltungen koordinieren und gut organisieren kann. Auch legt die Jury Wert auf die so genannten «Soft Skills» wie soziale Kompetenz, Diskretion, perfekte Umgangsformen, Improvisationstalent und sogar ein Quäntchen Humor.

Wenn Sie dieses Buch lesen, haben Sie nicht nur beste Aussichten auf diesen Titel, sondern Sie gewinnen dazu noch viel mehr. Denn hier steht alles drin, was Sie benötigen, um die täglichen Sekretariatsaufgaben souverän zu meistern und nebenher auch noch Ihre Karriere zu fördern.

Neben dem Pflichtprogramm, das heute ohnehin jeder Arbeitgeber voraussetzt, erhalten Sie wertvolle Tipps, damit Sie auch die Kür in Ihrem Arbeitsalltag mit Bravour meistern. Wann sollten Sie Eigeninitiative an den Tag legen und sich in die Planung einschalten? Wie entlasten Sie Ihren Chef wirksam? Sie erfahren zudem, dass Projektmanagement ebenso lernbar ist wie Organisationstalent, und wissen bestens Bescheid über Teambildung, Schnittstellenfunktion, Umgang mit Kunden, Kollegen und Geschäftspartnern.

Das Buch eignet sich als Lektüre für die Mittagspause ebenso wie als Erste-Hilfe-Kompendium im Notfall. Alphabetisch geordnet finden Sie sich darin schnell und zuverlässig von **A**blage bis **Z**eitdiebe zurecht. Ein Register am Ende hilft Ihnen zusätzlich bei der Begriffsuche. Für Sie als Sekretärin oder Assistentin kommt es darauf an, dass Sie mit den verfügbaren Fakten eine Informationsmacht aufbauen können: Je größer Ihr berufsrelevantes Know-how, desto mehr werden Sie in Ihrem Unternehmen geschätzt. Das wird sich auch im Gehalt und auf der Beförderungsskala niederschlagen.

*Ralf Höller, im Sommer 2008*

# Ablage

> *Yes, I have a*
> *system that's all my own*
> *And it can't be explained and it can't be shown*
> *I file by number, I file by letter*
> *I file by ways that are ten times better*
> *I file by subject, I file by date*
> *I file by city, I file by state*
>
> Elizabeth Ann Christman, amerikanische Schriftstellerin

In ihrem *Song of A Successful Secretary* lüftete die amerikanische Schriftstellerin Eliszabeth Ann Christman bereits 1939 das Geheimnis von erfolgreichen Sekretärinnen: Es ist die Ablage, die sie unentbehrlich macht. Ob Miss Christman noch heute mit ihrem Organisations- und Ordnungssystem punkten könnte? Längst ist das Büro ein Teamarbeitsplatz geworden, an dem niemand das Monopol auf Durchblick für sich allein beanspruchen darf.

**So ist Ihre Ablage übersichtlich**

In Ihrem Büro organisieren Sie die Ablage so, dass nicht nur Sie alles wieder finden. Im Fall Ihrer Abwesenheit müssen auch Ihre Vertretung, Ihr Chef und Ihre Mitarbeiter mit Ihrem System zu Rande kommen. In sieben Schritten kriegen Sie das hin:

1. Von allen Informationen, die Sie in Umlauf geben, behalten Sie das Original. Das gehört in Ihre Ablage! Die Kopie geben Sie weiter – versehen mit dem Stempel «Kann nach Kenntnisnahme vernichtet werden». Kopien, die Sie erhalten, wandern in den Papierkorb: Der Versender in Ihrem Unternehmen kann Ihnen jederzeit eine neue zur Verfügung stellen.

2. Schreiben Sie keine zweiseitigen Briefe. Formulieren Sie Ihre eigenen Texte so kurz und klar wie möglich! Das spart Papier und Zeit und schafft eine Win-Win-Situation: für Ihre Ablage und für den Empfänger.
3. Drucken Sie keine E-Mails aus. Sollte es doch einmal erforderlich sein, werfen Sie diese nach Bearbeitung weg. Sie haben ja noch eine elektronische Version.
4. Beseitigen Sie regelmäßig Altlasten. Achten Sie auf die gesetzlichen Aufbewahrungsfristen und vernichten Sie nicht mehr benötigte Unterlagen.
5. Legen Sie einen Aktenplan (siehe «Aktenplan») mit einer Stichwortliste an. Darin sollten alle abgelegten Informationen über eine Liste mit Suchbegriffen zu finden sein.
6. Dazu ein Tipp: Listen Sie mehrere Suchbegriffe auf, damit Sie auf jeden Fall fündig werden! Diese Liste mit den Verweisen zu den Ordnungsbegriffen und die Standortübersicht sollten Ihrem Chef, Ihren Mitarbeitern und Ihrer Vertretung jederzeit zugänglich sein! Idealerweise haben Sie die Liste im PC angelegt, damit sie erweiterbar bleibt. Zusätzlich hängt sie ausgedruckt in jedem Schrank.
7. Wählen Sie farbige Mappen und Ordnerrückseiten. Die lassen sich auf Anhieb zuordnen. Beispiel: Rot für Rechnungen, Grün für Projekte, Gelb für Korrespondenz.
8. Arbeiten Sie zusätzlich mit Symbolen: Das Logo Ihrer Hausbank klebt auf dem entsprechenden Ordner. Auf die Mappe mit Immobilien-Unterlagen malen Sie ein Haus. Ein Foto des Chefs kennzeichnet seinen Privatordner.

**Machen Sie jährlich einen Registratur-Check**

Unterziehen Sie Ihre Ablage von Zeit zu Zeit einer Überprüfung. Am besten, Sie machen jedes Jahr einen gründlichen Registratur-Check. Prüfen Sie bei dieser Gelegenheit, ob

- die Registratur in übersichtliche Abschnitte gegliedert ist;

- die einzelnen Akten deutlich und gut lesbar beschriftet sind;
- an jedem Ordner außen gut lesbar steht, wann er vernichtet werden darf;
- jeweils ein Vorgang zusammengefasst und an einer Stelle zu finden ist;
- nach welchen Kriterien (ABC, sachlich, Stichwörter) gegliedert wird;
- wirklich alle Vorgänge zentral abgelegt wurden oder werden;
- es einen bindenden, bei Bedarf aktualisierten Ablageplan gibt;
- gesetzliche Aufbewahrungspflichten und -fristen beachtet werden;
- alle Vorschriften jedem Mitarbeiter bekannt sind;
- deren Einhaltung überprüft wird;
- Ordner, Hefte und Mappen nicht überquellen, sondern so gefüllt sind, dass man in ihnen etwas nachschlagen kann;
- auch die Registraturmöbel in gutem Zustand sind.

**Binden Sie Ihre Mitarbeiter in Ihr System ein**

Wenn mehrere Mitarbeiter Zugang zu Ihrer Ablage haben, verschwindet schnell einmal ein wichtiges Dokument – nach dem Sie dann stundenlang suchen! Weisen Sie Ihre Kollegen freundlich, aber bestimmt darauf hin, dass Unterlagen nur noch dann entnommen werden, nachdem sie

1. in einer dafür vorgesehenen Liste eingetragen worden sind und
2. für die Ausleihzeit durch ein Hinweisblatt in Signalfarbe ersetzt wurden.

**Tipp:** Bringen Sie direkt am Standort neben dem Aktenplan eine Liste an. Hängen Sie einen Stift daneben. Ihre Liste sollte Platz für folgende Einträge schaffen:

- Ordner Nr.: …
- Entliehen von: …

- Entliehen am: …
- Rückgabe am: …

Vermutlich dauert es ein wenig, bis sich alle Mitarbeiter an die Liste gewöhnt haben. Bleiben Sie hartnäckig und erinnern Sie Ihre Kollegen immer wieder daran, sich ein- und auszutragen.

**So lagere ich meine Akten richtig**

Die Lagerung aller Dokumente bestimmen Sie nach dem Aspekt, wie häufig Sie diese benötigen. Unterscheiden Sie zwischen

- Arbeitsakten: Das sind Dokumente, die Sie täglich oder wöchentlich brauchen. Bewahren Sie diese in Ihrer Schreibtischablage auf, also in direkter Reichweite am Schreibtisch.
- Nachschlageakten: Darunter fallen Dokumente, die Sie nur ein- bis zweimal im Monat benötigen. Bewahren Sie diese an anderer Stelle im Büro auf.
- Archivakten: Hierzu zählen Dokumente, die Sie vielleicht einmal im Jahr brauchen oder aus gesetzlichen Gründen aufbewahren müssen. Bringen Sie diese im Keller unter oder an einem sonstigen Ort, wo sie niemanden stören – am besten in Kartons verpackt und nach Jahrgängen geordnet. So können Sie später alles leichter entsorgen!

Eine gute Ablage zeichnet sich dadurch aus, wie einfach ihre Inhalte auch für andere zu finden sind: Sind Sie, die alles angelegt hat, mal nicht da, müssen sich Ihre Kollegen und Kolleginnen auch ohne Sie zurechtfinden. Von den Flüchen und Verwünschungen, die bei der vergeblichen Suche nach wichtigen Unterlagen ausgestoßen werden, kann manche Bürotapete ein Lied singen.

*Auch in Abwesenheit glänzen!*

Philosophie des Schweizer Softwareentwicklers emni GmbH

Wie gut eine Arbeitskraft ist, merken Kollegen und Vorgesetzte erst, wenn sie nicht da ist. Haben Sie sich einmal gefragt, was geschieht, wenn Sie nicht da sind? Wie stellen Sie es an, dass Sie in Ihrer Abwesenheit von Vorgesetzten und Kollegen vermisst werden, Ihre Arbeit aber dennoch nicht liegen bleibt? Sie müssen Ihre Vertretung so gut einarbeiten, dass möglichst viele Ihrer Aufgaben reibungslos übernommen und exakt in der Weise erledigt werden, wie Sie es vorgeben.

**Führen Sie auch in Ihrer Abwesenheit Regie**

Wenn Sie nicht da sind, müssen Sie von außen Regie führen. Tragen Sie Sorge, dass alles ohne Aufregung weiterläuft und die Person, die für Sie einspringt, sich rasch in Ihrer Ordnung zurechtfindet:

- Organisieren Sie Ihre Ablage von vornherein so transparent wie möglich, damit auch Kollegen außerhalb Ihrer Abteilung schnell Zugriff auf die Dokumente haben.
- Sorgen Sie dafür, dass alle Kontaktdaten, die für Ihr Sekretariat relevant sind, immer auf neuestem Stand und zugänglich sind.
- Beschriften Sie Stempel, Ablagekörbe und Schlüssel so, dass die Systematik für andere durchschaubar und logisch ist.
- Händigen Sie Ihrer Vertretung einen Aktenplan aus: Darin sind alle Dokumente aufgeführt, die sich weder rein alphabetisch noch numerisch logisch zuordnen lassen.

- Bewahren Sie Gebrauchsanweisungen für technische Geräte an einem festen Platz für alle zugänglich auf.

**Wichtig:** Achten Sie darauf, dass Sie mit allen Aufgabenbereichen von **A**blage bis **Z**ahlungseingänge nicht im Verzug sind. Dann müssen Sie vor einer längeren Abwesenheit nicht unter großem Zeitdruck Ihre Vertretung einarbeiten!

**Hinterlassen Sie Ihrer Stellvertretung eine Tätigkeitsliste**

Schriftliche Handreichungen helfen Ihrer Vertretung in jedem Fall weiter. Am besten, Sie erstellen ein kleines «Benutzerhandbuch». Darin listen Sie alle Tätigkeiten auf, die zu Ihrem Aufgabengebiet und Ihrem Abteilungsalltag gehören. Nach dieser Arbeitsplatzbeschreibung kann sich Ihre Vertretung richten.

- Führen Sie alle komplexeren wiederkehrenden Aufgaben auf. Nummerieren Sie die einzelnen Tätigkeiten durch und verwenden Sie die Liste als Inhaltsverzeichnis für Ihr Handbuch.
- Erstellen Sie für jede dieser Tätigkeiten einen kurzen Leitfaden. Erläutern Sie Schritt für Schritt, wie vorgegangen werden muss. Achten Sie darauf, jeweils die Länge einer DIN-A4-Seite pro Tätigkeit nicht zu überschreiten, damit die Aufstellung übersichtlich bleibt.
- Geben Sie das «Handbuch» einer Kollegin zum Gegenlesen. So stellen Sie sicher, dass Ihre Aufzeichnungen auch für Nicht-Insider verständlich sind.
- Weihen Sie Ihren Chef ein und legen Sie Ihre Tätigkeitsliste gut sichtbar im Büro ab. Heften Sie einen Vermerk an, damit jene, die das Handbuch benutzen, es auch wieder an ihren Platz zurücklegen!

**Wenn Sie längere Zeit nicht da sind …**

Falls Sie nicht nur ein paar Tage, sondern für längere Zeit abwesend sind, sollten Sie Ihre Aufgabenlast nicht auf die Schultern

Ihrer Kolleginnen verteilen. Die werden sich für die Mehrarbeit bedanken! Die Lösung ist in einem solchen Fall eine Zeitarbeitsfirma. Es sollte nicht irgendein Anbieter sein, sondern einer, der in Ihrer Nähe ist und für die Qualität seiner Arbeitskräfte bürgen kann. Daher sollten Sie nur solchen Firmen einen Auftrag erteilen, die dem Bundesverband für Zeitarbeit angeschlossen sind. Über diese seriöse Dachorganisation finden Sie via Suchfunktion die für Sie infrage kommenden Anbieter in Ihrer Region. Die Internetseite des Bundesverbands für Zeitarbeit hat die Adresse *www.bza.de*.

In der Schweiz sind Sie beim Schweizer Verband der Personaldienstleister an der richtigen Adresse. Seine Internetadresse lautet *www.swiss-staffing.ch*. In Österreich vereint der Verband Zeitarbeit und Arbeitsvermittlung die seriösen Anbieter unter einem Dach. Sie finden ihn im Internet unter *www.vza.at*.

**Darauf ist bei der Suche einer Zeitarbeitskraft zu achten**

Wie gehen Sie auf der Suche nach einer Zeitarbeitskraft als Vertretung für Ihre Sekretariatsaufgaben vor? Hier empfehlen sich folgende Schritte, nachdem Sie die für Ihr Land zuständige Dachorganisation kontaktiert und erste Angebote eingeholt haben:

- Vergleichen Sie die Preise. Lassen Sie sich von mindestens drei unterschiedlichen Zeitarbeitsfirmen Angebote machen. Beachten Sie jedoch, dass billiger nicht in jedem Fall auch besser bedeutet.
- Erstellen Sie ein schriftliches Anforderungsprofil für die gesuchte Mitarbeiterin. Unterbreiten Sie dies der Firma Ihres Vertrauens. So haben Sie bei Unstimmigkeiten eine Diskussionsgrundlage.
- Bestellen Sie zwei bis drei geeignete Bewerberinnen telefonisch ein, um sie anschließend persönlich zu begutachten.
- Weisen Sie die Zeitarbeiterin, für die Sie sich entschieden ha-

ben, gründlich ein. Vergessen Sie nicht, ihr das Benutzerhandbuch zu überlassen!

- Sorgen Sie für einen Ansprechpartner, an den sich Ihre Stellvertreterin bei Bedarf wenden kann. Sollte diese Person keine Weisungsbefugnis haben, müssen Sie für Zweifelsfälle noch einen Entscheider benennen.

Nach der Einarbeitungsphase kann Ihr Unternehmen noch handeln: Falls Ihre Vertretung keine gute Arbeit leistet, bitten Sie deren Firma – es darf auch eine von der Konkurrenz sein – um Ersatz.

Denken Sie, dass Sie, wenn Sie jetzt in Urlaub fahren, ruhig schlafen können? Dann haben Sie die Zeit Ihrer Abwesenheit gut vorbereitet und auch bei der Wahl Ihrer Stellvertretung vermutlich eine gute Wahl getroffen!

> *Es fehlt am Plan, wenn zu viele Pläne da sind.*
>
> Publilius Syrus, antiker römischer Dramendichter

Ordnung ist ein Durcheinander, an das man sich gewöhnt hat. Trifft dieser Satz auf die Ablage in Ihrem Büro zu? Oder rücken Sie dem Chaos erfolgreich zu Leibe, indem Sie Ihre Unterlagen nach logischen Überlegungen gruppieren und in Aktenordnern und Schreibtischfächern kunstgerecht verstauen? Doch selbst diese ausgeklügelte Systematik funktioniert nicht immer: Was tun Sie beispielsweise, wenn sich Ihre Dokumente weder rein alphabetisch noch numerisch zuordnen lassen?

**Geben Sie widerspenstigen Unterlagen keine Chance**

Einen sicheren Weg, wie Sie sperrige Unterlagen ohne langes Herumstöbern wiederfinden, weist Ihnen ein Aktenplan. Der dokumentiert, wo was deponiert wird, und hilft Ihnen weiter, wenn

- die Dokumente sich weder rein alphabetisch noch numerisch logisch so zuordnen lassen, dass sie leicht auffindbar sind,
- Dokumente nach mehreren Kriterien ablegbar sind,
- mehrere Mitarbeiter auf eine Ablage zugreifen müssen,
- eine zentrale Ablage mehrere Abteilungen oder gar das ganze Unternehmen bedient.

Sie bekommen fertig gestaltete Muster-Aktenpläne, die sich in den meisten Unternehmen einsetzen lassen, bei Ihrem Branchenverband, als kostenlosen Download im Internet oder bei Firmen wie Leitz (*www.leitz.com*), die Standard-Aktenpläne anbieten.

**Informieren Sie alle Beteiligten**

Legen Sie für Ihren Aktenplan und alle weiteren Ablageregeln ein Organisationshandbuch an. Bewahren Sie alles an einem zentralen, für alle zugänglichen Ort auf – und legen Sie zusätzlich an jedem Ablageort ein Exemplar aus. Wichtig: Alle, mit denen Sie zusammenarbeiten, sollten sich an dieses System halten. Am besten, Sie informieren die Betroffenen ausführlich über das neue System – etwa indem Sie einen kleinen Workshop abhalten. Erklären Sie dort anhand von schwierig einzuordnenden Mustervorgängen, wo diese abgelegt werden müssen. Und legen Sie fest, dass Änderungen nur von einer zentralen Stelle aus vorgenommen werden, die alle Beteiligten davon unterrichtet. Nur so gewöhnt man sich an Ihre Ordnung.

## Aufschieberitis

> *Leute, die etwas von heute auf morgen verschieben, sind dieselben, die es bereits von gestern auf heute verschoben haben.*
>
> Peter Ustinov, britischer Schauspieler

Aufschieberitis hat sehr viel mit Psychologie zu tun. Daher sollen Sie sich zunächst mittels selbstkritischer Fragen einer Selbstdiagnose stellen: Haben Sie einen Drang zur Perfektion? Die führt häufig zu Versagensangst; mit der Folge, dass eine Arbeit erst gar nicht in Angriff genommen wird. Empfinden Sie manche Pflichten als dröge, langweilig, sich endlos hinziehend? Auch dies hält von einer zügigen Bearbeitung ab – ebenso wie eine Abneigung gegen schwierige, unangenehme Aufgaben. Haben Sie mindestens eine dieser Fragen mit Ja beantwortet? Dann gehören Sie vermutlich zu den Menschen, die nur dann arbeiten können, wenn sie den Druck im Nacken verspüren.

**Therapieansätze gegen das Aufschieben**

Jetzt kennen Sie die Ursachen der Aufschieberitis. Dagegen gibt es mehrere erfolgversprechende Heilverfahren:

- Die Salami-Therapie: Arbeiten Sie alle Aufgaben in verdaulichen Häppchen ab. Beispiel: Teilen Sie einen Ablagestapel in mehrere Abschnitte ein: A bis D, E bis G, H bis K und so weiter.
- Die Zwei-mal-zehn-Minuten-Therapie: Führen Sie bestimmte unangenehme Arbeiten nur zehn Minuten lang aus, dafür aber zweimal täglich – etwa die Aktualisierung Ihrer Adressdatei. Es hilft, wenn Sie dafür feste Zeiten einplanen.

- Die Druck-Therapie: Setzen Sie sich Termine. Geht Ihr Chef auf Reisen, sagen Sie ihm, dass die Unterlagen bei seiner Rückkehr auf dem Tisch liegen.
- Die Das-Schlimmste-zuerst-Therapie: Erledigen Sie die unangenehmsten Arbeiten gleich zu Beginn am Morgen. Danach haben Sie das größte Übel hinter sich, und der Tag kann nur besser werden.
- Die Abwäge-Therapie: Wägen Sie kurz Vor- und Nachteile eines sofortigen Erledigens ab. Sie werden sehen: Die Vorteile überwiegen ganz klar!

Fühlen Sie immer noch eine Abneigung gegen solche Aufgaben? Dann zerlegen Sie diese in Einzelschritte und versuchen, einen Teil an einen Kollegen zu delegieren, der daran Freude hat. Bestechen Sie ihn notfalls mit einem Essen oder ein paar Bier.

## Beförderung

> *Niemals unersetzlich sein: Wer unersetzlich ist, kann nicht befördert werden.*
>
> Beamtenweisheit

Ein Beamter, der eine bestimmte Stufe auf der Karriereleiter erklommen hat, kann sich nur noch auf eine Beförderung freuen: die in den Ruhestand. Im Sekretariat ist der Beförderungsweg nicht so strikt vorgezeichnet: Statt über die Stationen Abteilungs-, Bereichs-, Chefsekretärin kann der Weg nach oben auch als Assistentin ins Management führen. Letztere hat einen größeren Aufgabenbereich als eine Sekretärin. So muss die Assistentin Verantwortung übernehmen, aber auch Aufgaben delegieren, Initiative zeigen und Fachwissen besitzen. Assistentinnen übernehmen mehr Managementaufgaben – unabhängig von ihren Chefs, die international tätig sind und häufig den Standort wechseln.

**So bereiten Sie den Wechsel in den neuen Bereich vor**

Bereiten Sie sich auf den Wechsel ins Assistentinnenfach vor, indem Sie sich Kompetenzen aneignen, die für Ihren Chef und das gesamte Unternehmen wichtig sind. Zusätzliche Aufgaben, die Sie übernehmen könnten, wären beispielsweise die

- Übernahme von Projektverantwortung,
- Moderation von Teambesprechungen,
- Präsentation von Projekten,
- Qualifikation als Teamcoach,
- Erstellung eines Kunden-Newsletters,
- Betreuung einer neuen Mitarbeiterin als Mentorin.

**Die ersten Schritte auf dem Weg zur Assistentin**

Fragen Sie Ihren Chef, welche Erwartungen er an Sie hat, und sprechen Sie auch offen über Ihre eigenen Erwartungen an Ihre zukünftige Arbeit. Überlegen Sie vor einem Gespräch mit Ihrem Vorgesetzten sehr genau, welche Aufgaben Sie gern übernehmen möchten. Am besten halten Sie dies schriftlich fest. Klären Sie mit Ihrem Chef die Rahmenbedingungen, die eine Assistenz erst möglich machen. Denken Sie daran: Sie benötigen seine Unterstützung für die Veränderung Ihres Aufgabenbereichs.

Als Assistentin müssen Sie Aufgaben selbstständig und eigenverantwortlich erledigen. Sie planen, organisieren, führen aus und kontrollieren. Um ein Beispiel zu nennen: Ihr Chef bittet Sie, die Außendienstmitarbeiter-Konferenz zu organisieren. Ihre Assistenzaufgabe würde folgende Aufgaben umfassen:

- einen passenden Ort für die Veranstaltung finden und buchen;
- Themen für die Agenda einholen und selbst Vorschläge machen;
- die Teilnehmer einladen, die Antworten kontrollieren und erfassen;
- alles Nötige für den reibungslosen Tagungsablauf organisieren;
- das Budget verwalten;
- die Nachbereitung und Erfolgskontrolle durchführen.

Sie erledigen also die Aufgabe komplett von Anfang bis Ende – oder delegieren einzelne Bereiche, für die Sie jedoch letztendlich die Verantwortung tragen.

**Von der Befehlsempfängerin zur allein Verantwortlichen**

Als Assistentin sind Sie keine klassische Befehlsempfängerin mehr, sondern denken planend einen Schritt voraus. Daraus ergibt sich eine völlig verschiedene Arbeitsweise im Vergleich zu derjenigen, die Sie als Sekretärin gewöhnt waren. Folgende Überlegungen sind beim Wechsel ins Assistentinnenfach hilfreich:

- Warten Sie nicht, bis Sie eine Anweisung erhalten, Ihr Chef einen Wunsch äußert oder Schwierigkeiten auftreten.
- Entwickeln Sie eigene Ideen, machen Sie Verbesserungsvorschläge – und setzen Sie diese selbst um.
- Werden Sie zur Fachfrau, die ihr Aufgabenfeld souverän beherrscht. Bilden Sie sich weiter, sammeln Sie Wissen an, studieren Sie Statistiken, lesen Sie Fachzeitschriften, erwerben Sie Kompetenz auf Ihren Gebieten.

Verbessern Sie nicht nur Ihre Fähigkeiten und Fertigkeiten, arbeiten Sie zudem an Ihrer Persönlichkeit! Eine Assistentin muss zielorientiert, selbstsicher, entscheidungsfreudig, durchsetzungsstark und rhetorisch geschickt sein: Schließlich sollten Sie in der Lage sein, auch einmal Nein zu sagen – denn Ihre neuen Vorgesetzten erwarten von Ihnen, dass Sie gewisse Aufgaben delegieren können.

> *Eine Krise ist immer auch eine Chance.*
>
> Chinesische Weisheit

Das Telefon klingelt. Nichts Böses ahnend heben Sie ab. Am anderen Ende der Leitung ist ein Kunde, der so laut schreit, dass Sie ihn auch ohne Fernsprecheinrichtung hören könnten. Was machen Sie jetzt? Vielleicht sollten Sie Ihrem Gegenüber zehn Euro für ein Ballerspiel spendieren, damit er sich abreagieren kann. Keine schlechte Idee, werden Sie jetzt vielleicht sagen, aber ist sie nicht unpädagogisch? Leider ja. Zudem würde deren Ausführung Ihnen als Arroganz oder Desinteresse ausgelegt. Sie müssen zu Plan B greifen.

**So reagieren Sie auf verärgerte Kunden**

Plan B belässt Ihre geheimen Wünsche in eben jenem Zustand und orientiert sich ausschließlich am Wohlbefinden des Kunden. Sie besänftigen ihn in acht Schritten:

1. Geben Sie dem Kunden Gelegenheit, Dampf abzulassen. Unterbrechen Sie nicht, lassen Sie ihn reden. Damit ist schon ein großes Stück geschafft.
2. Nehmen Sie die Person und die Beschwerde ernst. Versetzen Sie sich in die Situation des Kunden: Zeigen Sie ihm, dass Sie seinen Ärger verstehen.
3. Hören Sie genau zu. Machen Sie sich Notizen über alle Kritikpunkte.
4. Bleiben Sie ruhig und höflich – unabhängig davon, wie aufgebracht Ihr Gegenüber ist.
5. Widersprechen Sie dem Kunden nicht. So reizen Sie ihn nur

noch mehr. Sagen Sie lieber, dass Sie seinen Ärger verstehen können.

6. Unterscheiden Sie zwischen Ihrem Unternehmen und Ihrer Person: Die Reklamation bezieht sich ausschließlich auf das Produkt oder die Dienstleistung, auch wenn Sie es sind, die den Ärger abkriegt. Nehmen Sie nichts persönlich.
7. Geben Sie keine vorschnellen Versprechen. Sichern Sie dem Anrufer zu, die Angelegenheit sofort zu prüfen und ihn umgehend zu benachrichtigen.
8. Nennen Sie einen festen Rückruftermin. Halten Sie den unbedingt ein, auch wenn Sie nur einen Zwischenbescheid geben können!

**Von der Theorie zur Praxis**

Jetzt wissen Sie, wie Sie reagieren, aber noch nicht, was Sie sagen sollen. Hüten Sie sich vor Wörtern, die Vulkanbildungen beschleunigen. Greifen Sie lieber zu abkühlendem Vokabular:

- Vermeiden Sie Reizwörter wie *Ärger*, *Kosten*, *lange*, *nein*, *Problem*, *schwierig*, *teuer*. Diese rufen nur negative Assoziationen hervor und werden in der ohnehin angespannten Atmosphäre rasch zu Klimakillern.
- Verwenden Sie aufbauende Wörter wie *gern*, *günstig*, *Hilfe*, *kostenlos*, *preiswert*, *schnell*, *sofort*. Das sind Formulierungen, die negative Schwingungen in positive verwandeln.
- Auf keinen Fall dürfen Sie den Gesprächspartner unterbrechen – zumindest nicht, bevor er sich etwas beruhigt hat, denn Sie haben ja nicht ewig Zeit. Wenn Sie langes Stillschweigen vermeiden möchten, demonstrieren Sie Ihr Zuhören durch ein gelegentliches «Hmmh» oder «Ja». Aber übertreiben Sie diese zustimmenden Äußerungen nicht, da sie auf Dauer nerven.
- Fragen Sie bei der ersten Gelegenheit nach dem Namen des Anrufers. Den dürfen Sie anschließend wie ein Mantra wie-

derholen: Der eigene Name ist das Wort, das jeder am liebsten hört.

**Erfüllen Sie die Erwartungen des Anrufers**

Lassen Sie den Anruf nicht auf sich bewenden. Versetzen Sie sich in die Lage der Person, die sich soeben beschwert hat: Was würden Sie an deren Stelle von Ihrem Unternehmen erwarten? Erfüllen Sie die Wünsche so weit und rasch wie möglich! Und danken Sie Ihrem Kunden für die zweite Chance, die er Ihnen gibt!

Kundennähe spielt im Wirtschaftsleben seit jeher eine entscheidende Rolle. Nicht nur im Falle einer Beschwerde lohnt es sich, bei Kunden genau hinzuhören. Auch aus Gesprächen ohne negativen Anlass lassen sich Tipps herausfiltern, die zur Verbesserung von Produkten oder Dienstleistungen beitragen. Richten Sie in Ihrem Unternehmen eine zentrale Datei – etwa im Intranet – ein, die alle Beschwerden und Anregungen von Kunden erfasst. In regelmäßigen Abständen werten Sie diese Informationen aus. Sie werden staunen, wie viele neue Anstöße dabei herauskommen! Entsprechend textete einst eine Bonner Werbeagentur: «Unsere besten Ideen stammen von unseren Kunden.»

## Betriebsklima

> *Das Betriebsklima ist das einzige Klima,*
> *das du selbst bestimmen kannst.*
>
> Binnenmeteorologisches Gesetz

Herrscht in Ihrem Unternehmen oder in Ihrer Abteilung starker Konkurrenzdruck? Wird alles Zwischenmenschliche dem Betriebsergebnis untergeordnet? Bleibt kaum Zeit für ein privates Gespräch? Und wenn ja, wird dann nur getuschelt? Ist der Krankenstand ungewöhnlich hoch? Sind die Kollegen häufiger frustriert? Und beginnt darunter die Einstellung zur Arbeit zu leiden?

In einem solchen Fall sollten Sie zunächst einmal Ihren Chef einweihen: Findet auch er, dass das Betriebsklima noch verbessert werden könnte? Und wenn ja – ist er überhaupt daran interessiert? Falls beides zutrifft, ist es nun an Ihnen, Initiative für eine Veränderung zu ergreifen.

Wie die Mitarbeiter in Ihrem Betrieb oder Ihrer Abteilung das Betriebsklima einschätzen, finden Sie mit dem Fragebogen des Gallup-Instituts heraus: Das führt regelmäßig statistische Erhebungen unter mehr als 10 000 Arbeitnehmern weltweit durch. Bei der Gallup-Umfrage lässt sich der Grad der Zufriedenheit der Mitarbeiter aus deren Antworten auf zwölf Fragen ablesen:

1. Weiß ich, was bei der Arbeit von mir erwartet wird?
2. Habe ich die Arbeitsmittel, um meine Arbeit richtig zu machen?
3. Habe ich bei der Arbeit jeden Tag die Gelegenheit, das zu tun, was ich am besten kann?

4. Habe ich in der letzten Woche für meine Arbeit Anerkennung und Lob bekommen?
5. Interessiert sich mein Vorgesetzter oder eine andere Person im Betrieb für mich als Mensch?
6. Gibt es im Betrieb jemanden, der mich in meiner Entwicklung fördert?
7. Habe ich den Eindruck, dass im Betrieb meine Meinung wirklich geschätzt wird?
8. Geben mir die Unternehmensziele das Gefühl, dass meine Arbeit wichtig ist?
9. Sind die Kollegen bestrebt, Arbeit in hoher Qualität zu leisten?
10. Habe ich innerhalb der Firma einen sehr guten Freund?
11. Hat jemand im Betrieb in den letzten sechs Monaten mit mir über meine Fortschritte gesprochen?
12. Hatte ich die Gelegenheit, Neues zu lernen?

**Das Klima in Ihrem Betrieb – aus Sicht des Chefs**

Stellen Sie unabhängig von der Mitarbeitererhebung ähnliche Fragen an Ihren Chef – mit dem Unterschied, dass diese aus der Perspektive des Vorgesetzten beantwortet werden:

1. Haben Mitarbeiter die Möglichkeit, private Probleme mit Ihnen oder einer anderen Vertrauensperson – vielleicht Ihrer Sekretärin oder Assistentin – zu besprechen?
2. Gratulieren Sie Mitarbeitern persönlich zu Geburtstag und Jubiläen?
3. Gibt es gemeinsame Feiern, Ausflüge und Unternehmungen?
4. Werden die Mitarbeiter regelmäßig nach ihrer Meinung gefragt?
5. Wird den Mitarbeitern so viel Verantwortung und Selbstständigkeit wie möglich übertragen?
6. Erkennen Vorgesetzte herausragende Leistungen der Mitarbeiter an?

7. Werden die Mitarbeiter über alle wichtigen Ziele, Strategien und Vorhaben informiert?
8. Bekommt jeder im Unternehmen die Möglichkeit, im Rahmen seiner Fähigkeiten Karriere zu machen und seine Stärken unter Beweis zu stellen?

**Was Sie bei Befragungen grundsätzlich beachten müssen**

Ihre Befragung funktioniert nur, wenn Sie auch genügend Rücklauf erhalten. Zudem müssen folgende Bedingungen erfüllt sein: Die Befragung muss anonym sein und bleiben. Sie bekommen nur dann ehrliche und aufschlussreiche Antworten, wenn Ihre Mitarbeiter keine Nachteile von der Beantwortung befürchten müssen. Wichtig ist auch, dass Sie alle Teilnehmer umfassend und frühzeitig informieren: Halten Sie Ihre Mitarbeiter über Anlass, Ziele und Ergebnisse der Befragung auf dem Laufenden. So zeigen Sie, dass deren Meinung wirklich zählt. Vergessen Sie anschließend nicht, Konsequenzen aus den Umfrageergebnissen zu ziehen: Ihren guten Absichten sollten auch Taten folgen!

**Was Sie persönlich für das Arbeitsklima tun**

Gegenseitiges Vertrauen, Kollegialität, Offenheit und Respekt: Von einem guten Arbeitsklima profitiert das gesamte Unternehmen! Sie als Bindeglied zwischen Management und Mitarbeitern fördern diese Kultur, indem Sie Bedürfnisse und Anfragen der Mitarbeiter nach oben an das Management leiten. Umgekehrt können Sie der Führungsetage helfen, Änderungsvorschläge an die Belegschaft, die Abteilung, das Team weiterzugeben. Bei zuweilen etwas schwer verständlichen Beschlüssen wird das Management für Ihre Übersetzungshilfe dankbar sein. Diese Aufgabe erfordert Fingerspitzengefühl und diplomatisches Geschick. Wenn Sie diesen Balanceakt beherrschen, leisten Sie einen gar nicht so kleinen Beitrag zum Unternehmenserfolg. Ihr Chef wird Ihre Führungsqualitäten, die Abteilung oder das Team Ihr psychologisches Geschick schätzen.

**Weitere Pluspunkte**

Weitere Pluspunkte bei der Verbesserung des Betriebsklimas sammeln Sie, indem Sie

- sich besonders um neue Mitarbeiter kümmern: Laden Sie Neulinge vor Ihrem Arbeitsantritt zu einem Kennenlern-Tag in die Firma ein;
- jedes Jahr einen Tag für eine gemeinsame Aktion zu einem guten Zweck planen: Karitatives Engagement gibt allen Beteiligten das Gefühl, etwas Gutes getan zu haben, und steigert das Zusammengehörigkeitsgefühl im Unternehmen;
- die Ergebnisse der Mitarbeiterbefragung im Intranet oder am Schwarzen Brett veröffentlichen und um Verbesserungsvorschläge bitten – nachdem Sie zuvor die Genehmigung der Geschäftsleitung eingeholt haben.

**Noch ein Tipp:** Organisieren Sie Ihre Maßnahmen gründlich. Nicht zielgerichteter Aktivismus wird rasch als solcher entlarvt: nur gut Wetter machen reicht eben noch nicht für ein gutes Betriebsklima.

> *Dienstwagen werden Sekretärinnen selten zugestanden. Kaffee lässt sich bekanntlich besser am Schreibtisch als hinterm Lenkrad kochen.*
>
> Financial Times Deutschland

Gerade beim Humor können Sie beweisen, dass Ihr Niveau nicht so weit herabreicht wie bei manchem Bürohengst – etwa dem, der den eingangs zitierten Witz in einer der größten Wirtschaftszeitungen platziert hat.

**Nicht alle mögen's seicht**

Bürohumor muss sich keineswegs immer im geistigen Flachland abspielen.

Hier sind einige Tipps, wie Sie es besser machen können:

- Imitieren Sie keinen Männerhumor (siehe oben!). Erzählen Sie lieber komische Episoden aus dem Privat- oder Berufsleben. Die sind oft witziger.
- Im Büroalltag sind Menschen, die ein fröhliches Wesen an den Tag legen, viel beliebter als solche, die ständig Witze reißen.
- Ihr Humor muss a) zu Ihrem Wesen, b) zur Situation, c) zu Ihren Zuhörern passen.
- Machen Sie niemals Witze auf Kosten anderer. Nehmen Sie sich lieber selbst auf den Arm. Doch Vorsicht! Sie dürfen Ihre Person dabei nicht herabsetzen oder abwerten.
- Sarkasmus und Spott sind nicht angebracht – es sei denn, Sie machen sich milde über sich selbst lustig. Briten und Amerikaner sind in dieser Kunst perfekt.

- Wenn Sie nicht wissen, ob ein Witz im Geschäft ankommt, testen Sie ihn vorher bei einer privaten Gelegenheit.
- Humor muss nicht politisch korrekt sein. Doch sind Witze auf Kosten von Minderheiten tabu. Dies gilt besonders für jede Art von Rassismus!
- Am schönsten ist jener Humor, der – vielleicht bislang verborgene – Gemeinsamkeiten aller Anwesenden zutage bringt.

**Die Pein, auf Kommando geistreich zu sein**

Auch Schlagfertigkeit ist eine Kunst, die alle Anwesenden erheitert – bis auf den Getroffenen. Leider kommt eine schlagfertige Reaktion einem meist erst auf dem Heimweg in den Sinn. Der Versuch, auf Kommando geistreich zu sein, endet daher in so mancher Peinlichkeit. Ein Beispiel für eine prompte und treffende Replik möchte ich Ihnen dennoch nicht vorenthalten:

Chef zur Sekretärin: «Die Briefe, die Sie tippen, werden immer besser. Wenn das so weitergeht, können wir bald mal einen abschicken.»

Sekretärin zum Chef: «Die Witze, die Sie erzählen, werden immer besser. Wenn das so weitergeht, kann ich bald mal über einen lachen.»

**Selbstironie kommt immer gut an**

Selbstironie war bislang eine Domäne des angelsächsischen Sprachraums. Aber die Deutschen holen auf. Ein Beispiel für diese Art schrägen Humors lieferte die Chefredakteurin einer Frauenzeitung, der manchmal Verbissenheit nachgesagt wird. Wohl zu Unrecht. «Wahre Emanzipation», schrieb Alice Schwarzer (die *Emma*-Chefin arbeitete früher übrigens als Sekretärin) einmal, «ist das gelegentliche Aufrücken total unfähiger Frauen in verantwortliche Posten.»

> *Jeder Laie, jede Zuhörerin erkennt gekünsteltes Verhalten. Bei Kommunikationsprozessen lohnt sich deshalb das ‹Falsch-Spielen› nicht. Letztlich verraten meist kleine Signale, wie ein Mensch tatsächlich ist.*
>
> Hildegard Knill, Schweizer Kommunikationsberaterin

«Nur echten Personen gelingt es, andere zu überzeugen. Schauspieler schaffen das nicht.» So lautet das Credo des amerikanischen Persönlichkeitstrainers Chris Mulzer. In seinen Workshops setzt er nicht auf kurzfristige Effekte, sondern entwickelt eine Langzeitstrategie. Das Ziel: die charismatische Persönlichkeit. Charisma (das Wort stammt aus dem Griechischen und bedeutet «Gnadengabe») ist nicht einfach angeboren, sondern kann erlernt werden.

Charismatische Menschen entwickeln ihren eigenen Stil, treten selbstbewusst und gelassen auf, interessieren sich für ihre Umgebung, zeigen Einfühlungsvermögen in alle möglichen Situationen, beweisen soziale Kompetenz, erscheinen dabei nicht aufdringlich und ruhen in sich selbst. Dadurch wirken sie sympathisch, überzeugend und erfolgreich. Was sich langfristig in ihnen festgesetzt hat, erschließt sich den meisten Betrachtern schon beim ersten Eindruck.

**Charismatisch bedeutet nicht perfekt**

Das Ideal, dem sich die Teilnehmer in Mulzers Workshops nähern sollen, ist jedoch kein Dogma. Wer als zu perfekt erscheint, läuft schnell Gefahr, unglaubwürdig zu wirken – oder setzt sich dem Verdacht aus, doch Schauspielerei zu betreiben. Charismatische Menschen werden wegen ihrer Fähigkeiten bewundert. Dieser Wertschätzung tun einzelne kleine Schwächen («das macht diese Person ja so menschlich, so sympathisch!») keinen Abbruch. Schwächen werden Ihnen nur dann verziehen, wenn sie sich im Rahmen gültiger Regeln bewegen.

**Sympathische Schwächen**

Es ergibt wenig Sinn, einem Ideal oder einem Idol nachzueifern. Es ist Ihre eigene Persönlichkeit – mit allen Stärken und Schwächen – an der Sie sich orientieren sollten. Der Schlüssel zu einem verbesserten Auftreten liegt darin, sich diese Stärken und Schwächen bewusstzumachen: Erstere sollten Sie pflegen, Letztere zu beheben versuchen.

**Wie arbeiten Sie an Ihrer charismatischen Ausstrahlung?**

Was einer charismatischen Ausstrahlung zugrunde liegt, hat der britische Psychologe Richard Wiseman von der Universität Hertfordshire herausgefunden: Es ist die Fähigkeit, andere Menschen emotional anzustecken. Je besser die Teilnehmer seiner wissenschaftlichen Studie es verstanden, andere an ihren Gefühlen teilhaben zu lassen, desto charismatischer wirkten sie auf ihre Mitmenschen. Hier sind Wisemans Tipps, wie Sie selbst eine solche Ausstrahlung entwickeln können.

- Um Ihre Wirkung auf andere zu intensivieren, sollten Sie versuchen, die emotionale Atmosphäre zu prägen.
- Achten Sie dabei auf eine offene Körpersprache ohne gekreuzte Arme oder Beine. Während eines Gesprächs signalisieren Sie durch gelegentliches teilnahmsvolles Nicken Ihre Bereitschaft, zuzuhören.
- Sprechen Sie möglichst bildhaft. Diese Bilder sollte Ihr Gegenüber beim Zuhören deutlich erkennen. Ändern Sie auch öfters Ihre Tonlage und die Sprechgeschwindigkeit.

- Sprechen Sie nicht zu viel: Zuhören können ist oft wichtiger als reden!
- Wälzen Sie aber nicht nur Probleme im Gespräch mit anderen. Auch die Kunst der lockeren Konversation gehört dazu: Unangestrengter, intelligenter Small Talk beeindruckt Ihr Gegenüber.

Positiv auf andere wirkt auch folgende Einstellung: Lassen Sie die Menschen in Ihrer Umgebung wissen, dass diese Ihnen wichtig sind. Dabei hilft ein ehrliches Lächeln. Denken Sie einfach an etwas, das Sie an Ihrem Gegenüber mögen.

*Eine gute Sekretärin ist der beste Schutz gegen die Managerkrankheit.*

Ernst Ferdinand Sauerbruch, deutscher Chirurg

Viele Chefs erledigen Arbeiten selbst, für die eigentlich ihre Sekretärin zuständig ist. Eine Umfrage unter 1500 europäischen Führungskräften ergab:

- 92 Prozent aller Vorgesetzten beantworten E-Mails höchstpersönlich.
- 91 Prozent sind grundsätzlich für alle Fragen im Büro verfügbar.
- 73 Prozent sprechen Termine selbst ab.
- 70 Prozent beantworten Anrufe direkt.
- 62 Prozent bereiten Vorträge allein vor.
- 34 Prozent lesen Geschäftskorrespondenz exklusiv.
- 17 Prozent lösen Computerprobleme in Eigenregie – oder versuchen es.
- 15 Prozent buchen Reisen ohne die Hilfe einer Sekretärin.

*(Quelle: UPS Europe Business Monitor)*

**So helfen Sie, Zeit zu sparen**

Jetzt kennen Sie bereits acht Vorgänge, bei deren Erledigung Sie Ihren Chef wirksam entlasten können. Es gibt aber weitere Möglichkeiten, Ihrem Vorgesetzten beim Zeitsparen zu helfen:

- Schild an die Tür: Wenn Ihr Chef in Ruhe arbeiten möchte, hängen Sie ein rotes Schild mit weißem Balken an die Tür: Ist der Zugang auf diese Weise blockiert, wissen alle Besucher, dass jetzt nicht gestört werden darf.

- Besucher abfangen: Lassen Sie niemanden ohne Termin zu Ihrem Chef vor.
- Besucher selber besuchen: Gespräche, die Ihr Chef kurz halten möchte, führt er im Büro des Gesprächspartners. Warum? Es ist leichter zu gehen, als jemanden hinauszukomplimentieren.
- Terminfreie Zeiten reservieren: Blocken Sie für Ihren Chef mindestens einen Vor- oder Nachmittag pro Woche ohne Termine. Diese Stunden gehören ihm!
- Kürzere Termine vereinbaren: Wird für einen Termin eine volle Stunde veranschlagt, nimmt der Besucher diese garantiert in Anspruch. Vergeben Sie von vornherein nur Termine von 15, maximal 30 Minuten Dauer.

Weitere Chefentlastungs-Tipps finden Sie in diesem Buch unter den Einträgen «E-Mail-Verkehr», «Telefonate», «Terminvereinbarung» und «Fünf Minuten am Morgen».

**So erleichtern Sie Ihrem Chef das Kooperieren**

Viele Chefs, das hat die oben zitierte Umfrage ergeben, arbeiten eigenbrötlerisch vor sich hin und sind wenig kooperationsbereit. Manche geben Unterlagen gar nicht heraus, andere nur freitags kurz vor Dienstschluss – und dann am liebsten stapelweise. Dabei würden sie sich selbst einen stressvermeidenden Gefallen tun, wenn sie alle Vorgänge rechtzeitig in Umlauf brächten. Manchmal bedarf es dazu nur eines kleinen Anschubs: Stellen Sie einen Behälter mit der deutlichen Beschriftung «Ablage» ins Chefzimmer. Platzieren Sie den Korb aber nicht auf seinem Schreibtisch, da liegt schon genug herum! Suchen Sie sich einen Ort aus, den Ihr Chef erreichen kann, ohne extra aufzustehen. Das erleichtert es ihm, alle Unterlagen, die er nicht mehr braucht, dort für Sie abzulegen. Sollte diese Methode nicht funktionieren, bringen Sie Haftzettel auf den Unterlagen an, die Sie ihm hineinreichen – mit Hinweisen wie «Bitte zurück» oder «Bitte zurück in Ablage». So wird der Schreibtisch Ihres Chefs leerer, er muss Unterlagen nicht mehrfach in die Hand nehmen, und die Vorgänge werden rascher bearbeitet.

**Sechs Fragewörter, die Sie unterstützen**

Geben Sie Ihrem Chef keine Informationen über eine Angelegenheit, bevor Sie nicht ausführliche Details zu sechs Fragen gesammelt haben:

- Wer?
- Was?
- Wann?
- Wo?
- Warum?
- Wie?

Jede Information, die Sie erreicht – und die Sie anschließend an Ihren Chef leiten –, bereiten Sie nach diesem Muster auf. Haben Sie erst einmal eine Routine darin entwickelt, erfährt Ihr Chef zuverlässig, rasch und gründlich alles, was er über einen Vorgang wissen muss, bevor er selbst sich damit befasst.

> *Es gibt viele Dinge, die man selber erledigen muss.*
> *Zum Beispiel alle die, die man nicht delegieren kann.*
>
> Nadine Gramling, US-Managerin

Warum tun wir uns so schwer damit, Aufgaben zu delegieren? Viele fürchten, dass alles, was sie nicht selbst erledigen, fehlerhaft ausgeführt wird. Hinzu kommt die Angst, als unfähig, faul oder nicht belastbar abgestempelt zu werden, nur weil man eine Arbeit abgibt. Delegieren ist die Kunst, Aufgaben zur rechten Zeit an die richtigen Leute weiterzugeben. Erst dadurch beweisen Sie Weitblick und Kompetenz: Für Ihre Firma oder Ihre Abteilung kommt es schließlich darauf an, *dass* die Aufgaben erledigt werden.

**Welche Aufgaben können Sie abgeben?**

Legen Sie fest, welche Aufgaben Sie delegieren wollen. Die entscheidende Frage lautet: Welche Arbeit kann ein Kollege effizienter erledigen als Sie? Aufgaben, die sich zum Delegieren eignen, sind

- Routineaufgaben,
- Spezialfragen, die nicht in Ihren Kernbereich fallen,
- Tätigkeiten, die nicht zu Ihren persönlichen Stärken gehören,
- vorbereitende Arbeitsschritte.

Machen Sie sich zu jedem delegierten Vorgang Notizen: An wen haben Sie welche Aufgabe abgegeben? Bis wann soll der Vorgang erledigt sein? Welche anderen Projekte sind von der Delegation noch betroffen? Welche anderen Mitarbeiter und Vorgesetzte sollten Sie über die Delegation informieren?

**An wen delegieren Sie?**
Überlegen Sie, welcher Kollege der geeignetste ist. Machen Sie sich dazu folgende Gedanken:

- Hat der Mitarbeiter das Fachwissen? Ist er für die Aufgabe motiviert? Oder ist er bereits mit anderen Arbeiten belastet?
- Formulieren Sie die Aufgabe klar und deutlich: Was genau ist zu tun? Bis wann ist es zu tun? Wie ist es zu tun: Muss auf bestimmte Punkte mehr, auf andere weniger Sorgfalt gelegt werden? Warum wird es gemacht: Welchen Zweck erfüllt die Aufgabe im Gesamtbereich Ihrer Firma oder Abteilung?
- Machen Sie klare Zeitvorgaben. Dazu gehören auch Zwischenziele und -termine, die einzuhalten sind.
- Überprüfen Sie die Fortschritte. Tun Sie das aber nicht ständig! Ihr Kollege darf nicht das Gefühl haben, Sie säßen ihm im Nacken. Kontrollfragen können Sie auch versteckt stellen, etwa: «Brauchen Sie noch Informationen von mir?» Bieten Sie zudem Termine für Zwischengespräche an.
- Legen Sie einen finanziellen Rahmen fest.
- Sichern Sie sich am Ende des Delegationsgesprächs ab, indem Sie den Kollegen bitten, alles in eigenen Worten zusammenzufassen.
- Führen Sie auch ein Abschlussgespräch: Was war gut? Was könnte verbessert werden? Beenden Sie die Unterredung in jedem Fall mit einem Lob!

Wenn Sie eine Arbeit delegieren, bitten Sie die betreffende Person zur Besprechung in Ihr Büro, statt bei ihr vorbeizuschauen. Das verleiht der Aufgabe mehr Gewicht.

> *Effizienz heißt das, was gerade gemacht wird, noch besser zu machen.*
>
> Peter F. Drucker, US-Manager österreichischer Herkunft

Effizienz beschreibt das Verhältnis zwischen dem erreichten Ergebnis und den eingesetzten Ressourcen. So definiert das *Qualitätsmanagement-Lexikon* diesen Begriff. Und wie gehen Sie damit um? Stimmt bei Ihrer Arbeit das Verhältnis zwischen Einsatz und Ergebnis? Ob Sie gut organisiert sind und effizient arbeiten, können Sie ganz leicht herausfinden – und sich im Bedarfsfall verbessern.

**Der 12-Frage-Effizienz-Check**

Beantworten Sie sich ehrlich die folgenden zwölf Fragen:

1. Planen Sie im Voraus, um ein großes Arbeitspensum in überschaubare Teilschritte zu zerlegen?
2. Schalten Sie bei sehr wichtigen Arbeiten Störfaktoren aus, indem Sie Ihr Telefon auf eine Kollegin umstellen oder Ihre Bürotür schließen?
3. Setzen Sie Prioritäten und trennen Wesentliches von Unwesentlichem?
4. Unterscheiden Sie zwischen Wichtigkeit und Dringlichkeit? Nicht alles, was wichtig ist, ist auch dringend, und umgekehrt. Und Wichtigkeit geht vor Dringlichkeit!
5. Rechnen Sie Pufferzeiten ein? So haben Sie im Bedarfsfall Raum, wenn mal etwas dazwischenkommt oder Sie auf die Schnelle einen unvorhergesehenen Auftrag bearbeiten müssen.

6. Achten Sie auf Ordnung, um keine Zeit mit Suchen zu vergeuden?
7. Fassen Sie leichte Arbeiten zusammen, um Zeit zu sparen?
8. Legen Sie sich Checklisten für immer wiederkehrende Aufgaben an?
9. Setzen Sie sich konkrete Ziele mit dazugehörigen Terminen, die Sie auch einhalten können?
10. Halten Sie sich bürotechnisch auf dem neuesten Stand betreffend PC und Ausstattung, Ablage, neueste Kommunikationsmittel?
11. Sagen Sie Nein, wenn Sie feststellen, dass Kollegen Ihre Hilfsbereitschaft ausnutzen wollen?
12. Konzentrieren Sie sich immer auf die nächstliegende wichtige Aufgabe, ohne das Gesamtziel aus den Augen zu verlieren?

Sie ahnen es vielleicht schon: Wenn Sie die meisten Fragen mit Ja beantwortet haben, arbeiten Sie tatsächlich effizient. Doch wie setzen Sie diese Vorgehensweise konkret an Ihrem Schreibtisch beziehungsweise in Ihrem Büroalltag um?

**Analysieren Sie Ihren Arbeitstag**

Fragen Sie sich am Ende Ihres Arbeitstages,

1. welchem Ihrer Ziele, Projektziele oder Zwischenziele Sie einen Schritt näher gekommen sind;
2. welche Arbeiten oder Aufgaben Sie gut erledigt haben – und aus welchen Gründen Sie erfolgreich waren;
3. welche Aufgaben Sie wieder verschoben haben – und was Sie von deren Erledigung abgehalten hat;
4. was Sie an dem Tag dazugelernt haben;
5. wo Sie an diesem Tag einen Fehler gemacht haben und wie Sie den in Zukunft vermeiden können;
6. was Sie zukünftig noch besser machen können;
7. wo kontraproduktive Zeitfresser versteckt waren;

8. was Sie besonders gern gemacht haben – und warum das so war;
9. was Ihnen aus welchen Gründen schnell von der Hand ging;
10. worüber Sie sich geärgert haben und wie Sie solche Missstände künftig beseitigen können;
11. in welchen Situationen Sie an diesem Tag hätten Nein sagen sollen;
12. wer oder was Sie besonders motiviert oder positiv beeinflusst hat.

Gehen Sie diese Fragen im Detail durch. So finden Sie heraus, an welchen Punkten Sie ansetzen und Ihre Arbeitsweise optimieren können.

**Kundendienst an Kollegen und Vorgesetzten**

Ein Büro ist keine Insel, und Sie arbeiten nicht allein – sondern mit Kollegen und Vorgesetzten zusammen. Was nutzt es daher, wenn nur Sie funktionieren? Erst wenn das gesamte Team oder die Abteilung gute Ergebnisse produziert, arbeiten auch Sie effizient. Einen Gradmesser, ob Sie wirklich eine Hilfe für Ihre nächste Umgebung sind, haben Sie, wenn Sie sich vorstellen, Sie seien der interne Kundendienst Ihrer Firma. Versuchen Sie einmal, in die Dienstleistungsrolle zu schlüpfen. Füllen Sie diese zur allgemeinen Zufriedenheit aus? Wo herrscht Verbesserungsbedarf? Fragen Sie sich in dieser Hinsicht:

- Welche Leistungen erwartet mein Chef von mir?
- In welcher Qualität und Geschwindigkeit wünscht er sie?
- Welchen Wert haben diese Leistungen für ihn?
- Welche dieser Erwartungen erfülle ich in welchem Maß?
- Was erwarten die anderen Mitarbeiter von mir?
- Wie kann ich deren Wünsche bedienen, ohne meine Pflichten zu vernachlässigen und mein Zeitbudget zu überziehen?

Betrachten Sie sich immer als ein Teil des Ganzen. Logischerweise fällt von dem Glanz, den Ihre Abteilung oder Firma versprüht, immer auch etwas auf Sie ab.

Kennen Sie übrigens den Unterschied zwischen Effizienz und Effektivität. Dazu meint der eingangs zitierte Peter F. Drucker: «Effizienz bedeutet, Dinge richtig zu machen. Effektivität bedeutet, die richtigen Dinge zu machen.»

> *Mit E-Mail hat die Computerindustrie ein Monster in die Welt gesetzt und wollte doch nur ein Heinzelmännchen schaffen.*
>
> Erkenntnis der Fachzeitschrift «PC Welt»

92 Prozent aller Vorgesetzten beantworten E-Mails grundsätzlich selbst, ergab die jährlich unter 1500 europäischen Führungskräften abgehaltene Umfrage *UPS Europe Business Monitor*. Eine Studie des Henley Management College fand heraus, dass diese Beschäftigung wenig einbringt: Im Schnitt hat ein Mitglied der Führungsspitze eines europäischen Konzerns am Ende seiner Karriere dreieinhalb Jahre mit Sichten und Beantworten von E-Mails verbracht – von denen jede dritte völlig irrelevant ist. So verwundert es kaum, dass der unscheinbare Faktor E-Mail sich zum Zeitfresser Nummer eins in der Arbeitswelt entwickelt hat. Dabei ist es recht einfach, ihm einen Maulkorb zu verpassen.

**Ablenkungen vermeiden, Zeit sparen**

Managen Sie den Mailverkehr Ihres Chefs: Sie bewahren ihn vor unnötigen Ablenkungen und sparen ihm eine Menge Zeit. Vereinbaren Sie zu diesem Zweck ein bestimmtes Ritual, wie Sie mit eingehenden E-Mails umgehen:

- Sichten und bearbeiten Sie die Mails so weit wie möglich.
- Alles, was Sie bearbeitet haben, legen Sie in einen separaten Ordner, den Sie mit dem Etikett «erledigt» versehen. Dann

kann Ihr Chef bei Bedarf nachschauen, was Sie alles für ihn beantwortet haben, und ist auf dem Laufenden.

- Was Sie nicht bearbeiten können, haben Sie zumindest gelesen, und sind somit informiert. Setzen Sie diese Mails für Ihren Chef auf «ungelesen», damit er sie nicht übersieht. Die unbearbeiteten bleiben in seinem Postfach. Lassen Sie seinen Rechner so einrichten, dass Sie automatisch Kopien seiner versandten Mails erhalten.

**Richten Sie zwei E-Mail-Adressen ein**

Viele Chefs haben etwas dagegen, dass die Sekretärin Zugriff auf seine Mails hat. Doch leidet darunter der Informationsfluss und eine wirksame Chefentlastung ist so gut wie unmöglich. Überzeugen Sie Ihren Chef daher, dass zwei E-Mail-Adressen eingerichtet werden:

- Die Adresse *Sein.Name@Firma.de* nutzt Ihr Chef für die Korrespondenz, die er selbst erledigen möchte.
- Für die allgemeine Chefkorrespondenz, die Sie für ihn erledigen, gilt die E-Mail-Adresse *geschaeftsleitung@Firma.de.*

Durch die Einführung beider E-Mail-Adressen erreichen Sie, dass es zu keinen Überschneidungen kommt: Alle Nachrichten, die an die Adresse *geschaeftsleitung@Firma.de* geschickt werden, bearbeiten Sie zuerst für Ihren Chef. Ihr Administrator hat es schnell eingerichtet, dass diese E-Mails automatisch in Ihrem eigenen Posteingang abgelegt werden. So bleibt die Privatsphäre Ihres Chefs geschützt, falls er bislang Angst darum hatte.

> *Menschen, an denen nichts auszusetzen ist, haben nur einen, allerdings entscheidenden Fehler: Sie sind uninteressant.*
>
> Zsa Zsa Gabor, US-Filmschauspielerin ungarischer Herkunft

Haben Sie manchmal das Gefühl, nicht gut genug zu sein? Und sind Sie dann so unzufrieden mit sich, dass Sie darin eine persönliche Niederlage sehen? Damit stehen Sie nicht allein. Gerade Frauen neigen dazu, sehr kritisch mit sich selbst zu sein und sich nur wenig zuzutrauen. Leider ist diese Einstellung ein Erfolgskiller, der das Weiterkommen hemmt. Um sich auf der Karriereleiter nicht ständig selbst im Weg zu stehen, dürfen Sie keine zu hohen Maßstäbe an sich selbst anlegen. Im Folgenden finden Sie die vier größten Erfolgskiller aufgeführt – zusammen mit Rezepten, wie Sie sich davor schützen:

**Erfolgskiller Nr. 1: «Ich bin nicht gut genug»**

Versuchen Sie auf keinen Fall, in Ihrem Beruf perfekt zu sein! Eine solche Einstellung kann leicht den Blick für das Wesentliche verstellen und Kräfte rauben. Auch Sie sind nur ein Mensch – der ab und zu Fehler machen darf. Ein unscheinbarer Trick hilft Ihnen, weniger hart mit sich ins Gericht zu gehen: Wenn Sie sich über einen Fehler ärgern, gehen Sie auf Distanz zu sich selbst. Stellen Sie sich vor, Ihre beste Freundin hätte diesen Fehler gemacht. Wie würden Sie dann die Sachlage beurteilen? Vermutlich viel milder! Also seien Sie zu sich ähnlich nachsichtig!

Ein ähnlicher Fehler, den viele durchaus erfolgreiche Frauen in diesem Zusammenhang begehen: Sie halten sich für Scharlatane, denen in Wirklichkeit nur noch niemand auf die Schliche gekommen ist. Als Strategie gegen Minderwertigkeitsgefühle empfiehlt es sich, darüber mit einem Menschen zu sprechen, zu dem Sie Vertrauen haben. Hören Sie zudem auf, sich immer nur stark und sicher zu geben. Probieren Sie es mit Sätzen wie «Was ist denn Ihre Meinung?» oder «Was raten Sie mir?». Sie werden merken, dass Ihnen deshalb noch lange keiner die Kompetenz abspricht. Ein weiterer Vorteil: Sie werden viel entspannter!

**Erfolgskiller Nr. 2: «Meine Familie ist mir am wichtigsten»**
Haben Sie Angst, bei größerem beruflichem Engagement keine perfekte Mutter und Partnerin mehr zu sein? Hinterfragen Sie Ihre Rolle als Ehefrau und Mutter. Rollen sind nicht für immer festgelegt, sie lassen sich gestalten. Delegieren Sie Aufgaben innerhalb Ihrer Familie. Sobald Ihre Kinder zur Schule gehen, dürfte das möglich sein. Berufen Sie eine Familienkonferenz ein. Jedes – große oder kleine – Mitglied darf sich seinen Anteil am zukünftigen Pflichtprogramm aussuchen. Machen Sie deutlich, wie wichtig Ihnen die neue Aufgabenverteilung ist. In einer Gemeinschaft, in der alle zusammenhalten, muss jedes Mitglied etwas geben – und darf dafür auch nehmen. Lassen Sie sich vom anfänglichen Widerstand Ihrer Familie nicht entmutigen. Routinen und Privilegien gibt niemand gerne auf. Hier müssen Sie sich viel Zeit nehmen für die Überzeugungsarbeit. Locken Sie Ihre Familie mit den Vorteilen, die Ihre berufliche Veränderung allen bringt: eine zufriedenere Mutter und Partnerin! Zwar haben Sie quantitativ weniger Zeit, bieten aber dafür erfahrungsgemäß mehr Qualität.

**Erfolgskiller Nr. 3: «Mir liegt es nicht, autoritär zu sein»**
Machen Sie sich bewusst, dass Autorität an sich nichts Negatives ist. Ganz im Gegenteil, denn ohne Macht können Sie nichts bewirken: Ein Fußballtrainer braucht Autorität, um sich im Verein und gegenüber der Mannschaft durchzusetzen, alternative Stromerzeu-

ger müssen Kompetenz beweisen und Durchsetzungskraft zeigen, um sich gegen das Kartell der großen Energieanbieter zu behaupten. Auch Sie können mit Ihren Stärken Schwerpunkte setzen, die für Ihre Arbeit als Sekretärin wichtig sind oder helfen, Vorgesetzte besser zu unterstützen. Aber: Autorität ausstrahlen will gelernt sein! Dazu gehören Erfahrung und Übung. Falls Sie feststellen, dass es Ihnen an Sicherheit fehlt, melden Sie sich zu einem Seminar für Frauen in leitenden Positionen oder zu einem Persönlichkeitstraining an. Sie werden staunen, wie viel Autorität in Ihnen steckt, ohne dass Sie sich gleich in eine Tyrannin verwandeln müssen.

**Erfolgskiller Nr. 4: «Ich möchte gern mit allen Menschen gut auskommen»**

Versuchen Sie erst gar nicht, gleichzeitig gute Freundin und Vorgesetzte zu sein. Das funktioniert nicht. Die Angst, Harmonien zu zerstören, besiegen Sie, indem Sie mehr an sich selbst glauben und sich auch mehr zutrauen. Haben Sie sich aus dem Schreibpool zur persönlichen Assistentin hochgearbeitet? Dann müssen Sie auch mit dem Neid derjenigen rechnen, an denen Sie vorbeigezogen sind. Bauen Sie neue Allianzen auf! Schauen Sie sich um, wo es in Ihrem Unternehmen noch Frauen in vergleichbaren Positionen gibt, und nehmen Sie Kontakt zu ihnen auf. Von den Männern können Sie sich auch etwas abschauen: Die unterstützen sich immer gegenseitig – auch wenn das Kungeln schon mal zulasten Dritter geht. Wie Sie die Erfahrung von Frauen in gleicher oder ähnlicher Position nutzen, lesen Sie im Kapitel «Netzwerken».

*In den ersten 45 Sekunden eines Kontaktes entscheidet sich, ob ein Gespräch fortgesetzt wird oder nicht.*

Zeit zu leben, Online-Ratgeber

*Es bleiben einem nur knapp fünf Sekunden, um seinen Typ und damit seine Persönlichkeitdem Gegenüber bestmöglich zu verkaufen.*

Jobpilot, Internet-Stellenvermittler

«Für den ersten Eindruck gibt es keine zweite Chance», heißt es in unserer sich immer schneller verändernden Welt: Blitzschnell müssen wir entscheiden, ob uns eine Person sympathisch ist und wie wir sie künftig einstufen. Ob Sie wollen oder nicht: Die Schublade, in die andere Sie einordnen, ist schon für Sie geöffnet.

**Erster Eindruck prägt Beziehung**

Bei der Wahrnehmung von Personen machen wir uns auf Anhieb ein Bild. Wir schließen von äußeren Merkmalen (Gesicht, Mimik, Körperhaltung, Frisur, Kleidung, Sprache) auf den Charakter unseres Gegenübers. In der Psychologie wird diese Macht des ersten Eindrucks *Primacy-Effekt* genannt.

Obwohl der erste Eindruck häufig trügt und zu falschen Beurteilungen führt, bildet er dennoch die Grundlage für die zukünftige Beziehung zu einer Person. Der erste Eindruck ist ein Automatismus: Er dient seit jeher allen Lebewesen in der Natur zur Sicherheit und Orientierung. Dahinter steckt die simple, für unsere Vorfahren damals und einen Feldhamster heute noch überlebenswichtige Frage: Freund oder Feind?

### Schwierig zu widerlegen: der Halo-Effekt

Mit dem Primacy-Effekt geht bei der menschlichen Wahrnehmung eine andere Wirkung einher, der *Halo-Effekt* («Halo» bedeutet «Heiligenschein»; der Begriff geht aus dem griechischen, später lateinischen *halos* = Sonnenscheibe hervor). Er steht für eine auffällige Eigenschaft unseres Gegenübers, die wir als stellvertretend für die gesamte Person sehen, obwohl es sich – da wir diesen Menschen ja noch nicht kennen – auch nur um ein einzelnes Phänomen handeln kann. Beispiel: Jemand hat die Angewohnheit, statt ins Gesicht des Gesprächspartners zu blicken, lieber das Kachelmuster auf dem Fußboden auswendig zu lernen. Von diesem Verhalten auf Unaufmerksamkeit zu schließen, wäre möglicherweise falsch. Vielleicht steckt ja nur Schüchternheit dahinter.

Der Nachteil am Halo-Effekt ist jedoch, dass das einmal gefällte Urteil nicht mehr revidiert wird. Um bei unserem Beispiel zu bleiben: Die vielleicht schüchterne Person ist ein für allemal als «unaufmerksam» abgestempelt: In Zukunft werden nur noch Verhaltensweisen, die das Vorurteil bestätigen, wahrgenommen. Was der einmal gefassten Meinung nicht entspricht, übersehen wir.

Fair oder unfair – darum geht es weder beim *Primacy-* noch beim *Halo-Effekt*. Es sind Tatsachen, denen wir uns stellen müssen. Der erste Eindruck ist weder ein Produkt des Zufalls noch ein Ergebnis von Willkür. Immerhin können Sie ihn steuern: Das Wissen um die Wirkung auf bestimmte Menschen und in gewissen Situationen ermöglicht es Ihnen, selbstsicher auf- und gewinnend in Erscheinung zu treten.

### Nutzen Sie die Magie der Namen!

Vom Rhetorik-Bestsellerautor Dale Carnegie stammt der Ausspruch: «Für jeden Menschen ist sein Name das schönste und wichtigste Wort in seinem Sprachschatz.» Jemanden korrekt anzusprechen bedeutet auch, ihn oder sie als Person ernst zu nehmen und wertzuschätzen. Was Sie tun können, ist …

- sich den Namen Ihres Gegenübers merken und auch verwenden;
- sich nicht zu schade sein und nachfragen, falls Sie einen Namen nicht richtig verstanden haben; bei wiederholter Falschnennung wird die anfängliche Sympathie Ihres Gegenübers für Sie ins Gegenteil umschlagen;
- keine Angst vor wiederholten Namensnennungen haben: Das Lieblingswort Ihres Gesprächspartners können Sie nicht oft genug benutzen!

**Auch Ihre Körpersprache sollte stimmen**

Nachdem Sie die korrekte Anrede gewählt haben, wird Ihr Gegenüber verstärkt auf Ihre Körpersprache achten: Ihre Mimik, Ihre Gesten, Ihre Haltung. Noch kann er Sie nicht richtig einordnen und muss sich auf die Signale verlassen, die Sie setzen. Zuerst schaut er Ihnen ins Gesicht:

- Halten Sie Blickkontakt – ohne zu starren! Ein unbewegter oder gar maskenhafter Gesichtsausdruck irritiert Ihren Gesprächspartner und wirkt zudem unfreundlich.
- Kommentieren Sie in Mimik und Gestik die Aussagen Ihres Gegenübers. Lächeln Sie, wenn Sie sich für ihn freuen, und runzeln Sie die Stirn, wenn er Ihnen etwas Trauriges oder für ihn Unerfreuliches erzählt.
- Wenn Ihre Augen nicht mitlachen, weiß Ihr Gegenüber, dass Ihr Lächeln nicht echt ist. Zeigen Sie nur authentische Gefühle.

**Beherrschen Sie den Small Talk!**

Was Ihnen jetzt noch fehlt, ist ein erfolgreicher Einstieg ins Gespräch. «Sprich mit den Leuten über das, was sie verstehen: mit dem Jäger über die Jagd, mit dem Fischer über den Fischfang, mit dem Winzer über den Wein. Das gibt immer ein gutes Gespräch.» Dieses Credo des Schriftstellers Friedrich Georg Jünger sollten

Sie sich zu eigen machen. Der Small Talk ist ein idealer Türöffner, knüpft Kontakte zu Fremden und baut Barrieren ab. Dazu ein Hinweis: Auf der Website *www.small-talk-themen.de* finden Sie jede Menge praktische Tipps und Gesprächsmaterial.

Fragen Sie sich auch: Was erwartet mein Gegenüber von mir? Welchen Vorurteilen muss ich entgegentreten? Stellen Sie sich auf die Wellenlänge Ihres Gesprächspartners ein. Reden Sie in einer für ihn verständlichen Sprache: kurze Sätze, kein Fachchinesisch, wenig Fremdwörter. Versuchen Sie, lebhaft und abwechslungsreich zu formulieren. Und vor allem: Hören Sie zu!

Vergessen Sie nicht, den guten ersten Eindruck zu verfestigen. Arbeiten an sich selbst schadet nicht, sich verstellen wohl. Nehmen Sie sich den Ausspruch des Philosophen Ernst Bloch zu Herzen: «Die Fälschung unterscheidet sich vom Original dadurch, dass sie echter aussieht.»

> *Was immer Frauen auch tun: Sie müssen alles doppelt so gut machen wie ein Mann, wenn sie nur für halb so gut gelten wollen. Glücklicherweise ist das nicht so schwer.*
>
> Charlotte Whitton, kanadische Politikerin

Ein Verkäufer präsentiert unzerbrechliche Kämme. Um seinen Tisch hat sich bereits eine kleine Menschentraube gesammelt. Der Mann preist sein Gerät als absolut sicher und unzerbrechlich an. Zur Demonstration nimmt er verschiedene Kämme, die er in seinen Händen dreht und verbiegt – bis plötzlich doch einer entzweigeht. Der Verkäufer verzieht keine Miene und hält die geborstenen Stücke mit der Bruchseite zum Publikum hin: «Und so, meine Damen und Herren, sehen die Kämme alle von innen aus.»

Verkäufer haben einen harten Job. Da sie mit den Widrigkeiten des Lebens bestens vertraut sind, wissen sie meistens auch eine Antwort darauf. So schlagfertig wie der Vertreter in unserem Beispiel werden Sie vermutlich nicht reagieren. Das müssen Sie auch nicht. Was man von Ihnen als Sekretärin oder Assistentin verlangt, ist, mit einem Fehler richtig umzugehen. Hier zeigt sich wahre Professionalität.

**Vermeiden Sie die Fehler nach dem Fehler!**

So ist es auch nicht der Fehler, der manchen Vorgesetzten auf die Palme bringt, sondern der Fehler nach dem Fehler. In der Politik passieren solche Missgeschicke häufig; auch die Privatwirtschaft kennt die «Verkettung unglücklicher Umstände». Um solche

Domino-Effekte zu vermeiden, wurde das Krisenmanagement erfunden. Es lässt sich auch auf Ihren Arbeitsbereich anwenden. Ein kompetenter Umgang mit Fehlern bezieht mehrere Überlegungen ein.

**Panne als Chance**

Sehen Sie die Panne als Chance. Je besser Sie mit einem Problem umgehen, desto größere Kompetenz beweisen Sie. Kunden wie Kritiker schätzen das. Die schlimmsten Fehler werden übrigens nach dem Fehler gemacht. Statt sich in einem Lügennetz zu verfangen, sollten Sie einen kühlen Kopf bewahren. Sagen Sie klar und deutlich, was Ihr Fehler war – und dass es Ihr Fehler war! Gehen Sie auch auf die Gefühle der Geschädigten ein. Zeigen Sie Verständnis für deren Aufregung, spielen Sie nichts herunter und schieben Sie niemanden vor! Bieten Sie schließlich aus eigenem Antrieb eine großzügige Kompensation an.

Achten Sie darauf, nicht zu lange über Ihr Missgeschick zu sprechen. Sagen Sie, dass es Ihr Fehler war. Sagen Sie auch, dass es Ihnen Leid tut. Aber sagen Sie sonst nichts! Blicken Sie lieber positiv nach vorn: Was werden Sie unternehmen wollen, damit sich derartige Fehler in Zukunft nicht wiederholen?

**Ihre langfristige Strategie**

Vertrauen Sie bei einer Panne oder Krise nicht darauf, dass nur der Teil bekannt wird, den Sie gerade beichten. Nach einem Fehler wird immer weitergeforscht, bis alles ans Licht kommt. Gestehen Sie daher rechtzeitig das ein, was noch nicht aufgedeckt wurde. Damit machen Sie bei Kritikern und Kunden zusätzliche Punkte. Mit einem offenen Bekenntnis nehmen Sie vor allem auch jenen den Wind aus den Segeln, die Ihren Fehler mit Schadenfreude zur Kenntnis genommen haben.

Das beste Pannenmanagement nützt wenig, wenn Sie daraus keine Lehren für die Zukunft ziehen. Ihre Vorgesetzten beziehungsweise Ihr Chef werden es genauso sehen! Erst eine konstruktive Fehlerkultur hilft, aus früheren Pannen zu lernen und künftige zu vermeiden. An diesem Verhalten sollte übrigens nicht nur Ihre persönliche Arbeitsweise, sondern die des gesamten Unternehmens ausgerichtet sein. Eine konstruktive Fehlerkultur hat fünf Säulen:

1. **Das «Gut-statt-perfekt-Prinzip»:** Es genügt, wenn Sie 80 Prozent Ihrer Arbeiten gut erledigen. Nur in 20 Prozent der Fälle – den besonders wichtigen Aufgaben – sollten Sie höchste Ansprüche stellen.
2. **Mut zum kalkulierten Risiko:** Die Angst vor Fehlern lähmt Innovationen und Kreativität. Fehlschläge sind Erfahrungen, die Sie später nutzen können.
3. **Rasches Eingeständnis:** Einen Fehler schnell erkennen und eingestehen zeugt von Stärke und Mut. Schlimmere Folgen werden so abgewendet.
4. **Vertrauen und Ehrlichkeit:** Nur wenn beides belohnt statt bestraft wird, geben Betroffene Fehler freiwillig zu. Wer zugegebene Fehler als Druckmittel benutzt, anstatt rasch zu verzeihen, fördert eine Lügen- und Vertuschungskultur.
5. **Blick nach vorn:** Lösungen finden und Fehler beheben ist wichtiger als die Suche nach Schuldigen. Die Suche nach Lösungen birgt neue Chancen.

**Und wenn Ihr Unternehmen mauert?**

Leider haben noch nicht alle Firmen und nicht sämtliche Führungsetagen den langfristigen Nutzen einer solchen Strategie begriffen. Falls Fehler in Ihrem Unternehmen mit Sanktionen bestraft werden, sollten Sie mit dem allzu offenen Eingestehen eigener Fehler vorsichtig sein. Bis Sie offiziell als Märtyrerin anerkannt sind, haben Sie längst den Job verloren! Vertuschen brauchen Sie deswegen noch lange nichts: Unkorrigierte Fehler holen Sie irgendwann wieder ein. Bekennen Sie sich daher. Achten Sie jedoch bei Ihrer

Formulierung darauf, dass Sie Ihre Fauxpas nicht allzu dramatisch darstellen. Beginnen Sie zum Beispiel mit dem Satz: «Mir ist da etwas passiert, dazu würde ich gern Ihre Meinung hören.» Weisen Sie außerdem darauf hin, was Sie bereits unternommen haben und noch unternehmen wollen, um die negativen Auswirkungen möglichst gering zu halten.

> *Investieren Sie fünf Minuten am Morgen.*
> *Von Ihrem Arbeitstag bleiben Ihnen immer noch sieben Stunden und 55 Minuten.*
>
> Zeitmanagement-Erfolgsrezept

Eine kleine Investition am Morgen hätte dem Briten Nick Flynn viel Ärger und dem Fitzwilliam-Museum der Universitätsstadt Cambridge großen Schaden erspart. Bei seinem Besuch strauchelte Flynn über einen Schnürsenkel. Es war sein eigener, und der folgende freie Fall endete erst auf den Trümmern dreier chinesischer Vasen aus dem 17. Jahrhundert. Immerhin blieb Flynn unverletzt. Hätte er sich die Schuhe ordentlich geschnürt, wären auch die Ausstellungsstücke heil geblieben.

**So nutzen Sie den Arbeitstag optimal**

Anders als Flynn sollten Sie Ihre Zeit im Hinblick auf das Kommende sinnvoll investieren: Bereits fünf Minuten am Morgen genügen, um mit Ihrem Chef das Wichtigste zu bereden und Sie beide für den Rest des Tages qualifiziert zu entlasten. Vereinbaren Sie eine tägliche Besprechung – nur Sie und Ihr Chef! Sagen Sie, dass Sie dieses kurze Gespräch brauchen, um Ihre Arbeit an seinen Prioritäten auszurichten.

**Investieren Sie klug**

Hier sind Ihre Richtlinien für dieses morgendliche Ritual:

- Informieren Sie Ihren Chef über Ihren Tagesablauf, Ihre Prioritäten und den Stand Ihrer Projekte.

- Lassen Sie sich berichten, wer gestern noch angerufen hat, welchen Termin Ihr Chef zusätzlich vereinbart hat, wer ihn gestern Abend besucht hat, als Sie schon weg waren. Wurden Entscheidungen getroffen, von denen Sie wissen sollten?
- Fragen Sie Ihren Chef auch, an welchen Aufgaben er an diesem Tag arbeiten wird und was seine Prioritäten sind. So wissen Sie, welche Anrufer er heute noch erwartet und auf wen er an diesem Tag lieber verzichten möchte.
- Falls er an diesem Tag unterwegs ist: Vereinbaren Sie feste Anrufzeiten! Erzählen Sie ihm Ihrerseits, was los war, während er sich außer Haus befand.

Nach dem gleichen Muster – warum nicht in einem Aufwisch – können Sie mit Ihrem Chef ein tägliches Postmeeting einrichten. Dann wird aus den fünf Minuten allerdings eine Viertelstunde. Doch auch diese wäre sinnvoll investiert.

> *Du sollst nicht beanspruchen.*
> *Du sollst nicht jammern.*
> *Du sollst nicht theatralisch werden.*
> *Du sollst nicht vergleichen.*
> *Du sollst nicht drohen.*
>
> Jochen Mai, Wirtschaftsredakteur und Buchautor

«Ich wollte mal fragen, wie Sie mit mir zufrieden sind.» Falls Sie Ihr Gehaltsgespräch mit Ihrem Chef mit einer solchen Frage beginnen, werden Sie im weiteren Verlauf schlechte Karten haben. Ebenfalls schlecht stehen Ihre Chancen, wenn Sie keine konkreten Vorstellungen hinsichtlich Ihrer Forderungen haben. Und der Hinweis darauf, was Ihre Kolleginnen verdienen, ist beim Gehaltspoker erst recht kontraproduktiv. Solche Vergleiche hört Ihr Gegenüber von der Arbeitgeberseite überhaupt nicht gern.

**Bevor Sie in dieses Gespräch hineingehen …**

… sollten Sie einige an sich selbst gestellte Fragen beantworten – die Sie mit Zahlen und Fakten zum Erfolg Ihrer Firma beziehungsweise der Abteilung, in der Sie arbeiten, untermauern:

- Wo liegen Ihre Stärken?
- Welches sind Ihre bisherigen wichtigsten beruflichen Leistungen?
- Sind die an Sie gestellten Anforderungen gestiegen?
- Wurden Ihre Kompetenzen, wurde Ihr Arbeitsumfang erweitert?
- Ist Ihr Verantwortungsbereich gewachsen?

- Warum sind Sie für Ihr Unternehmen und für Ihren Chef wichtig?
- Was sind Ihre beruflichen Ziele für die nächsten Jahre?
- Wie wollen Sie diese erreichen?
- Was schätzt Ihr Chef an Ihnen?
- Wo sieht er Ihre Schwächen? Bereiten Sie Gegenargumente vor!

**Dokumentieren Sie Ihre Leistungen**

Notieren Sie Ihre Leistungen in einem Bericht. Den nehmen Sie – zu einem Spickzettel zusammengefasst – mit in die Gehaltsverhandlung. Vermerken Sie dort

- geführte Telefonate (auch vermittelte!), Faxe, bearbeitete Faxnachrichten und E-Mails – plus ein Stichwort für das Ergebnis;
- Diktate, Reiseplanungen;
- alle Texte und Charts, die Sie am PC bearbeitet oder erstellt haben;
- Gespräche mit Kunden/Mitarbeitern (mit Stichwort für das Ergebnis!);
- Vorbereitungen für Meetings, Konferenzen und Veranstaltungen;
- alle Verbesserungen, die Sie eingeführt haben;
- alle Ihre gesetzten Ziele, die Sie erreicht haben – mit Zeitpunkt;
- alle Kosten, die Ihr Unternehmen durch Ihre Ideen einsparen konnte;
- alle Projekte, die Sie erfolgreich und termingerecht abgeschlossen haben;
- alle Maßnahmen, die Sie durchgeführt haben, um Abteilungs- oder Unternehmensziele umzusetzen.

Bei dem bevorstehenden Termin kommt es auch auf gutes Timing an: Wählen Sie den richtigen Moment, etwa einen ruhigen Nachmittag; warum nicht nach einem gerade gemeinsam erzielten Erfolg? Fallen Sie nicht mit der Tür ins Haus. Sagen Sie: «Ich möchte mit Ihnen über das Projekt XY sprechen und mich generell einmal in Ruhe über unsere Zusammenarbeit unterhalten.»

**So gehen Sie ins Gehaltsgespräch**

Wie aber starten Sie Ihr Gehaltsgespräch? Am besten, Sie gehen zielgerichtet vor. So weiß Ihr Gegenüber, dass Sie wissen, was Sie wollen – und kann Ihre Forderungen nicht so einfach abbügeln. Reden Sie also nicht lange um die Angelegenheit herum.

- Werden Sie sogleich konkret: «Ich möchte gerne mit Ihnen über eine Gehaltserhöhung sprechen.»
- Nennen Sie keine utopische Forderung, nur um sich anschließend herunterhandeln zu lassen. Eine Erhöhung zwischen fünf und zehn Prozent ist realistisch; diese können Sie von Anfang an fordern. Überhaupt sollten Sie für sich vorher eine Summe festlegen, die Sie erreichen möchten.
- Argumentieren Sie nie mit dem Gehalt Ihrer Kolleginnen! Man erwartet von Ihnen, dass Sie gar nicht informiert sind, was andere verdienen. Wissen Sie es trotzdem, behalten Sie dies für sich. Sie werden nicht an den Leistungen einer Kollegin, sondern an Ihren eigenen gemessen. Ihre Qualifikationen und Ihre Arbeit zählen!

**Darauf müssen Sie sich gefasst machen**

Sie müssen also a) wissen, welches Gehalt am Ende bei Ihnen herauskommen soll beziehungsweise wie viel mehr Geld Sie wollen; b) sagen, was Sie seit Ihrer letzten Gehaltserhöhung zusätzlich leisten, indem Sie beispielsweise Ihre neuen Aufgaben seit der letzten Erhöhung anführen; c) auf Widerstand seitens Ihres Chefs vorbereitet sein.

Lassen Sie sich bei Gehaltsverhandlungen nicht mit den üblichen Einwänden abspeisen! Ihr Chef sollte Ihnen nicht mit vagen Ausflüchten wie diesen kommen:

- «Wenn es nach mir ginge, würde ich Ihnen sofort mehr Geld geben; aber ich entscheide darüber leider nicht.»
- «Da kann ich Ihnen jetzt gar nichts zu sagen – das müsste ich erst mit Herrn Müller besprechen. Er entscheidet darüber.»
- «Ich kann jetzt nichts versprechen. Mal sehen, was ich für Sie tun kann.»

Signalisieren Sie Ihrem Chef, dass für Sie damit Ihr Anliegen nicht erledigt ist. Legen Sie ihn auf einen Termin fest, bis wann Sie mit einer Antwort rechnen können. Wenn Sie auch dann wieder nur unklare Antworten erhalten, schlagen Sie selbst einen Termin vor.

**Wie begründen Sie Ihre Forderung nach mehr Geld?**

Ihr Argument gegen die aktuelle Standardantwort «Die Zeiten sind schlecht!» wäre: «Gerade in solchen Zeiten ist es wichtig, Mitarbeiter zu haben, die bereit sind, sich überdurchschnittlich einzusetzen. Genau das tue ich. Und ich mache einen guten Job. Deshalb hätte ich gern mehr Gegenleistung.»

Prüfen Sie aber ehrlich Ihre Leistung! Fehlerfrei zu erfüllen, was in Ihrer Stellenbeschreibung steht, reicht nicht für eine individuelle, außertarifliche Gehaltserhöhung. Dafür werden Sie bezahlt. Nur wenn Sie über längere Zeit, also mindestens ein Jahr lang, über Ihre eigentlichen Aufgaben hinaus – vielleicht unter schwierigen Umständen – Herausragendes leisten, können Sie vorsprechen.

Zu guter Letzt kommt es noch darauf an, dass Sie den richtigen Ton treffen. Denken Sie daran: Ihr Chef ist nicht Ihr Gegner; Sie sind kein Bittsteller. Sie verhandeln beide sachlich über den Preis einer Dienstleistung. Stellen Sie Ihre Erfolge selbstbewusst, aber ohne Überheblichkeit dar. Finden Sie heraus, was Ihrem Chef Ihre

Leistung wert ist. Und erwarten Sie keine sofortige Zusage. Vereinbaren Sie aber einen Termin für seine Antwort.

**«Auf Ihren Job warten 5000 Arbeitslose!»**

Auf das provokative Arbeitslosenargument sollten Sie sachlich reagieren. Trennen Sie Äpfel und Birnen: Fokussieren Sie das Gespräch auf Ihre Tätigkeit und den Nutzen des Arbeitgebers. Sie bieten eine Leistung an, Ihr Arbeitgeber nimmt sie in Anspruch und vergütet sie. Wie viele Arbeitslose auf Ihre Stelle warten, steht nicht in Ihrem Arbeitsvertrag. Gerade in wirtschaftlich schweren Zeiten braucht ein Unternehmen gute Mitarbeiterinnen und Mitarbeiter! Ihre Firma ist auf Ihre guten Leistungen angewiesen und sollte nicht an der falschen Stelle sparen. Rechnen Sie Ihrem Arbeitgeber vor, wie viel Geld es kosten würde, jemand Neues einzuarbeiten. Selbst dann wäre die Frage nicht geklärt, ob der oder die Neue nach der Einarbeitungszeit so gut arbeitet wie Sie. Appellieren Sie schließlich an die Fairness: Das Anführen von Arbeitslosenzahlen ist nicht seriös. Sie argumentieren ja auch nicht mit dem Gehalt Ihrer Kolleginnen! Ziel Ihrer Strategie: Ihr Arbeitgeber soll erkennen, dass eine Gehaltserhöhung Anerkennung Ihres Einsatzes und Motivation für weiteres Engagement ist.

## Gute Vorbereitung, hilfreiche Orientierung

Auf ein Gehaltsgespräch sollten Sie sich gründlich vorbereiten. Zur ersten Orientierung verschaffen Sie sich einen Überblick über aktuelle Gehälter von Sekretärinnen und Assistentinnen. Ideal für Ihre Zwecke ist der Lohnrechner des Schweizerischen Gewerkschaftsbundes: Der nennt Ihnen jeweils das Gehalt, das für Ihre Ausbildung und Tätigkeit in der Schweiz üblich ist – und differenziert sogar nach Ort und Branche. Die Angaben orientieren sich eher an der Privatwirtschaft als am öffentlichen Dienst; doch auch für letzteren Bereich sind Adressen von Verbänden aufgeführt, die

Auskunft geben können. Den Lohnrechner finden Sie im Internet unter *http://www.lohn-sgb.ch.*

Einen Bezüge-Vergleichsrechner für Österreich bietet die Online-Ausgabe des Wirtschaftsblatts an unter der Adresse *www.wirtschaftsblatt.at/home/service/onlinerechner/index.do.*

Für Deutschland und Österreich erstellt die Unternehmensberatung Kienbaum alljährlich die Studie «Sekretariats- und Bürokräfte», die Angaben über branchenübliche Durchschnittsgehälter enthält. Leider kostet diese 350 Euro.

**Jahresgehälter in der Schweiz, Österreich und Deutschland**

In der Schweiz verdient eine Sekretärin mit ein bis zwei Jahren Berufserfahrung im Schnitt 50432 Euro jährlich. Eine Geschäftsleitungssekretärin kommt auf 69584 Euro. In Deutschland liegt der durchschnittliche Jahresverdienst von Sekretärinnen mit ein bis zwei Jahren Berufserfahrung bei 38563 Euro. Ihre Kolleginnen in der Geschäftsleitung erhalten 49050 Euro im Jahr. In Österreich wird eine Sekretärin mit ein bis zwei Jahren Berufserfahrung mit einem Durchschnittsjahresgehalt von 32640 Euro bedacht. Eine Geschäftsleitungssekretärin verdient dort 48760 Euro. Bonuszahlungen – sie machen in Deutschland durchschnittlich ein, in der Schweiz drei, in Österreich vier Prozent des Sekretärinnengehalts aus – sind in diesen Berechnungen der Frankfurter Consulting-Firma Mercer aus dem Jahr 2008 eingeschlossen.

**Jahresgehälter in Ihrer Branche (nur für Deutschland)**

Während sich Kienbaum an den erzielbaren Spitzengehältern orientiert, spiegelt die Studie des Geva-Instituts die gesamte Gehaltsbreite in Deutschland wider. Danach beträgt das Jahres-Bruttogehalt von Sekretärinnen und Assistentinnen – jeweils gestaffelt in einen unteren, mittleren und oberen Bereich – inklusive Weihnachts- und Urlaubsgeld

- in der Industrie 26 100 Euro / 32 210 Euro / 36 890 Euro;
- im Handel 23 040 Euro / 28 220 Euro / 33 860 Euro;
- im Dienstleistungsbereich 22 600 Euro / 28 350 Euro / 35 890 Euro;
- in den sonstigen Bereichen 28 170 Euro / 31 780 Euro / 35 750 Euro.

Einen kostenlosen individuellen Gehaltscheck können Sie im Internet machen, unter der Adresse *www.gehalts-check.de/Infocenter/info_gehaltscheck.htm*, unter *http://personalmarkt.spiegel.de* oder über die Seite der gewerkschaftsnahen Hans-Böckler-Stiftung: *www.boeckler.de*. Alle diese Adressen liefern Ihnen eine Analyse auf der Grundlage von über 250 000 Vergleichsdaten.

> *Das Gerücht ist wie Falschgeld:*
> *Rechtschaffene Menschen würden es niemals herstellen,*
> *aber sie geben es bedenkenlos weiter.*
>
> Claire Boothe Luce, US-Diplomatin

Die neuesten Gerüchte, täglich aktualisiert, finden Sie im Nachrichtenmagazin *Spiegel online*. Die Rubrik heißt «Spam», und sie erscheint erst ganz am Ende der Website *www.spiegel.de*. Kaum etwas von dem, was dort unten steht, ist wahr. Das Magazin möchte trotzdem nicht auf Meldungen dieser Art verzichten, denn die Leser sind begeistert von der Satire: Spiegelt diese doch ihre heimlichen Gedanken, Wünsche und Sehnsüchte wider und formuliert sie obendrein ganz schamlos. Genau darin liegt auch der Reiz von Gerüchten.

Schwierig wird es nur für die Personen, über die solche Nachrichten verbreitet werden. Wie soll man da – wenn überhaupt – reagieren?

### Finden Sie Ihren Weg durch die Gerüchteküche

Gerüchte können nicht nur Politikern und Stars des Show-Business, sondern auch Privatpersonen und Firmen großen Schaden zufügen. Laufen Sie selbst Gefahr, ein Opfer einer Kampagne zu werden, sollten Sie bereits vorbereitet sein.

- Halten Sie sich immer auf dem Laufenden, was Unternehmenspolitik und Firmenstrategie betrifft. So lernen Sie, Gerüchte besser einzuschätzen und wahre von falschen Informationen zu unterscheiden.

- Gehen Sie dem Gerücht auf den Grund: Wo ist die Quelle? Ist sie glaubwürdig? Wer hat das Gerücht weitergeleitet? Mit welcher Absicht hat die Quelle das Gerücht in die Welt gesetzt?
- Treffen Sie anschließend eine Entscheidung: Schadet Ihnen das Gerücht persönlich? Dann sollten Sie auf jeden Fall handeln!

**Wird über Sie getuschelt?**

Sind Sie etwa selber Opfer von Klatsch geworden? Dann reagieren Sie sofort. Auch wenn Sie nur vermuten, dass über Sie geredet wird:

1. Fragen Sie Kollegen und Kolleginnen, denen Sie vertrauen, was man über Sie erzählt. So finden Sie eventuell heraus, wer die Gerüchte über Sie verbreitet.
2. Hinterfragen Sie Gerüchte: Ist wirklich etwas dran? Finden Sie heraus, wer das Gerücht bei welcher Gelegenheit in Umlauf gebracht hat.
3. Stellen Sie falsche Behauptungen richtig! Bleiben Sie dabei aber sachlich, und sprechen Sie ruhig – auch wenn es schwerfällt.
4. Stellen Sie den Urheber des Gerüchts unter vier Augen zur Rede. Werden Sie nicht aggressiv, sondern bleiben Sie ruhig und besonnen. Versuchen Sie, seine Gründe für die Verbreitung herauszufinden. Falls das persönliche Gespräch nichts nützt, stellen Sie die Person in Gegenwart anderer nochmals zur Rede.
5. Finden Sie Fürsprecher: Bewegen Sie Mitarbeiter zu einer Aussage, die bestätigt, dass die gegen Sie erhobenen Vorwürfe haltlos sind.
6. Suchen Sie auch das Gespräch mit den Personen, die das Gerücht weitertragen. Klagen Sie nicht an, aber geben Sie zu verstehen, dass Sie kein leichtes Opfer für Verleumdungen sind. Machen Sie unter vier Augen deutlich, dass Sie im Falle der Wiederholung weitere Schritte einleiten.
7. Drohen Sie nicht nur – melden Sie den Vorfall tatsächlich Ihrem Chef oder dem Betriebsrat.

8. Forschen Sie schließlich nach den tieferen Ursachen: Woran liegt es, dass jemand Gerüchte über Sie verbreitet? Nur so können Sie neue Verleumdungen vermeiden.

**Kochen auch Sie nicht in der Gerüchteküche!**

Wie verhindern Sie, dass Sie selbst – und sei es nur ungewollt – bei der Verbreitung von Gerüchten mitmischen? Stellen Sie sich selbst kritische Fragen, die dafür sorgen, dass Ihr Verhalten auf andere glaubwürdig und ehrlich wirkt:

- Lassen Sie sich bei Gerüchten nicht zu spontanen Äußerungen hinreißen. Verfahren Sie beim ersten Hinhören nach dem Grundsatz: Ohren offen, Mund geschlossen!
- Hören Sie aktiv zu! Prüfen Sie das Gehörte, indem Sie in eigenen Worten wiedergeben, was Sie verstanden haben.
- Unterscheiden Sie bei sich selbst zwischen Tatsache und subjektiver Meinung – und machen Sie das auch anderen gegenüber im Gespräch klar!
- Verzichten Sie auf vorgefasste Meinungen. Vermeiden Sie pauschale Urteile über andere.
- Kontrollieren Sie Ihre Wahrnehmungen auf Richtigkeit und Vollständigkeit, bevor Sie diese weiter- und eine eigene Meinung dazu abgeben!

Wie man mit Gerüchten stilvoll umgeht, bewies Miriam Meckel. Der Professorin für Kommunikationsmanagement an der Universität St. Gallen waren einige Zeilen in Deutschlands meistgelesener Tageszeitung sauer aufgestoßen: Laut *Bild* besitzen Frauen das «Plapper-Gen». Sie reden am Tag 23 000 Wörter; Männer dagegen nur 12 000. Mit dieser Meldung begann sie ihren nächsten öffentlichen Auftritt – in Bonn wurde ihr der Cicero-Rednerpreis verliehen – und setzte zum Schluss den Gegentreffer: «Ich habe jetzt 1235 Wörter gesprochen; den Rest meiner Tagesration erlasse ich Ihnen.»

> *Gebildet ist, wer weiß, wo er findet, was er nicht weiß.*
>
> Georg Simmel, deutscher Soziologe und Philosoph

Lesen schafft Wissen, Wissen ist Macht: Je besser Sie über Ihr Unternehmen und die Konkurrenz, über aktuelle wirtschaftliche Zusammenhänge, aber auch in der Politik Bescheid wissen, desto mehr können Vorgesetzte und Mitarbeiter von Ihrem Wissen profitieren, desto unentbehrlicher machen Sie sich für Team, Abteilung und Unternehmen. Die Frage ist nur: Was lesen Sie? Wie finden Sie aus dem Überangebot an Medien das für Sie und Ihre Zwecke Passende heraus?

Die schnellstmögliche Informationssuche und -beschaffung läuft über das Internet. Der elektronische Marktplatz, stellte der US-Computerpionier Bill Gates fest, wird unsere Kultur ebenso verändern wie Gutenbergs Druckerpresse die Welt des Mittelalters. Auch andere haben das erkannt: So stellte etwa der renommierte Brockhaus-Verlag seine Printausgabe ein; die berühmte Enzyklopädie erescheint nur noch online. Nutzen Sie also die vielfältigen und rasch zugänglichen Möglichkeiten, die Ihnen das World Wide Web bietet.

**Die wichtigsten Adressen im Internet**

Hier sind die für Ihren Arbeitsbereich wichtigsten Adressen zum Nachschlagen:

*Nachschlagewerke*

- *www.wikipedia.de:* die aktuellste Enzyklopädie, von Laien verfasst
- *www.lexikon.meyers.de:* von Fachleuten verfasste Enzyklopädie
- *www.brockhaus.de:* mit der Brockhaus-Suche nicht nur in der großen Enzyklopädie, sondern auch in den Werken zu einzelnen Wissensgebieten wie Geschichte oder Naturwissenschaft und Technik nachschlagen; vorherige Registrierung notwendig!
- *www.biography.com*, *www.munzinger.de:* biografische Lexika

*Wörterbücher*

- *www.duden.bifab.de:* amtliches Regelwerk der deutschen Rechtschreibung. Den kostenpflichtigen telefonischen Duden-Rechtschreibberatungsservice erreichen Sie aus
  - Deutschland unter: 09001 870098
  - Österreich unter: 0900 844144
  - der Schweiz unter: 0900 383360
- *http://dict.leo.org*, *www.linguadict.de:* deutsch-englische Übersetzungen
- *www.langenscheidt.de:* Fremdwörter

*Messetermine*

- *www.firmendb.de/messetermine:* für Deutschland, Österreich, Schweiz
- *www.auma.de:* nationale und internationale Messetermine
- *www.kalender.de:* bedeutende Fachmessen

*Zeitungsberichte*

- *www.paperball.de:* tagesaktuelle Artikel mit Suchmaschine
- *www.handelsblatt.com:* aktuelle Wirtschaftsmeldungen; Archiv ab 1986
- *www.spiegel.de:* aktuellste Nachrichtenseite

*Börsen- und Wirtschaftsinformationen*

- *www.finanztreff.de:* tagesaktuelle Börsenindizes weltweit
- *www.infobroker.de:* Recherche in rund 1500 Informationsdiensten (Handelsregister, Firmenauskünfte, Marktdaten, Statistiken, Länderprofile)

*Bürosoftware*

- *www.officexl.de:* Hard- und Software fürs Büro
- *http://dir.search.ch/Schweiz/Computer/Software/Unternehmenssoftware/*
- *www.softguide.de:* 8000 Standardprogramme, darunter Programme für die Reisekostenabrechnung, für die Berechnung von Renten oder für das Rechnungswesen – von der einfachen Einnahmen-Überschussrechung bis zur kompletten Konzernbuchhaltung; des Weiteren Unterstützungsprogramme etwa für Adressverwaltung, Auftragsbearbeitung, Lohnabrechnung, Mahnwesen, Wissensmanagement, Zeiterfassung.

*Preisvergleiche*

- *www.preisauskunft.de:* der beste Preis eines Produkts
- *www.pricebreaker.de:* Preise von Dienstleistungen (Reisen, Versicherungen)

**Wie Sie weitere Informationen beschaffen**

Machen Sie sich als Informationszentrale unentbehrlich. Sammeln Sie alle Informationen (Verkaufsberichte, Sitzungsprotokolle, Zeitungsartikel), die für Ihren Beruf wichtig sind. Legen Sie sich eine persönliche Datenbank an. Notieren Sie dort alles Wissenswerte über den Industriezweig, über Wettbewerber, Geschäftspartner, die eigene Firma.

- Legen Sie einen Ringordner an, der alle Erste-Hilfe-Informationen zu technischen Problemen mit Ihren Bürogeräten enthält.
- Erstellen Sie Ihr eigenes Fachwörterbuch – als Excel-Doku-

ment. Immer wenn Sie auf einen Fachausdruck aus Ihrem Berufsalltag stoßen, tragen Sie ihn – zusammen mit der Definition – in Ihr Wörterbuch ein. Ein selbst erstelltes, auf Ihren Bedarf abgestimmtes Verzeichnis ist eine wirksame Hilfe für Sie. Fachwörterbücher sind häufig unvollständig und enthalten nicht die neuesten Termini.

- Wenn Sie auf der Suche nach einem passenden Zitat oder Aphorismus sind – für ein außergewöhnliches Gratulationsschreiben – können Sie auch Ihr eigenes Nachschlagewerk erstellen. Eine wertvolle Fundgrube gibt es auch im Netz unter *www.zitate.de* oder *www.zitate.net.*

Wissen ist Macht, sagte der englische Philosoph Francis Bacon bereits Ende des 16. Jahrhunderts. In unserer Informationsgesellschaft wäre dem hinzuzufügen: Wissen und wissen, was man daraus macht, ist Macht.

> *Es hat sich noch für jede Karriere als vorteilhaft erwiesen, die Fehler, aus denen man lernen kann, möglichst früh zu machen.*
>
> Winston Churchill, britischer Staatsmann

Fünfjahrespläne wurden früher in der Sowjetunion und in ihren Satellitenstaaten geschmiedet – mit mäßigem Erfolg. Bedarf und Verbrauch einer gesamten Volkswirtschaft lassen sich schlecht auf einen derart langen Zeitraum im Voraus berechnen. Im privaten Bereich kann sich eine solche Planung als durchaus nützlich erweisen. So empfiehlt die amerikanische Personalberaterin Diane Domeyer Sekretärinnen und Assistentinnen, Ziele im Hinblick auf die nächsten fünf Jahre zu entwerfen, regelmäßig zu überprüfen und – im Idealfall – zu realisieren.

**Schmieden Sie Ihren persönlichen «Fünfjahresplan»**

Planen Sie Ihre Karriere langfristig in fünf Schritten. Sie sind das Ergebnis einer Umfrage des US-Personalberaters Office Team:

1. Schreiben Sie sich Ihre Ziele im Hinblick auf die nächsten fünf Jahre auf. Tun Sie das regelmäßig! So können Sie immer prüfen, wo Sie sich befinden und wo es noch hapert.
2. Suchen Sie Hilfe bei anderen. Die erfolgreichsten Ratgeber sind laut Umfrage die Eltern (20 Prozent), aktuelle oder frühere Vorgesetzte (18 Prozent) und Kolleginnen (17 Prozent).
3. Lesen Sie Fachliteratur über die neuesten Entwicklungen in Ihrem Bereich. Und seien es auch nur zehn Minuten konzentrierte Lektüre täglich.
4. Bilden Sie sich in Kursen fort. Belohnen Sie sich dafür – etwa

indem Sie sich etwas Schönes kaufen, wenn Sie erfolgreich abgeschlossen haben.
5. Werden Sie zur Karrierediplomatin, die Gefahren klug umgeht.

**Drei wichtige Trends in Ihrem Beruf**

Stellen Sie sich heute schon auf das ein, was Sie und Ihren Beruf in den nächsten Jahren erwartet, empfiehlt Diane Domeyer. Drei Trends zeichnen sich ab:

1. Statt Assistentin werden Sie Informationsbeschafferin und -koordinatorin sein und mit Ihrem Wissen anderen zur Verfügung stehen. Zu diesem Aufgabengebiet zählt auch das Aufbereiten und Analysieren von Internet-Daten wie Börsen- und Wirtschaftsinformationen, Marktübersichten und politischen Risiken.
2. In zehn Jahren wird jeder dritte Mitarbeiter von zu Hause oder unterwegs aus arbeiten. Die Videokonferenz wird an Bedeutung gewinnen. Spracherkennungs-Software wird eine immer größere Rolle spielen. Und Sie werden via Sprachbefehl per Computer E-Mails versenden und Briefe erstellen.
3. Soft Skills wie Teamorientierung, Organisationstalent und Flexibilität werden immer wichtiger: Trotz mehr Technik und weniger persönlichem Kontakt unter den Mitarbeitern ist Sozialkompetenz weiter gefragt. Das wird Ihre Aufgabe, Ihr Verantwortungsbereich sein.

**So kann ich meinen beruflichen Aufstieg begünstigen**

Die Anforderungen im Sekretariat steigen. Wie halten Sie mit? Was können Sie tun, um sich von einer guten zu einer sehr guten Kraft zu entwickeln? Wie schaffen Sie es, mehr zu tun, als von Ihnen verlangt wird? Ohne dass Sie dabei in Stress geraten oder sich gar verausgaben? Anders gefragt: Wie gelingt es Ihnen, noch professioneller zu arbeiten? Pluspunkte sammeln Sie, wenn Sie die folgenden Assistenzfunktionen beherrschen:

- **Generell:** Sie beweisen Eigeninitiative und vorausschauendes Handeln.
- **Chefentlastung:** Sie bereiten Ihrem Vorgesetzten Informationen so auf, dass er das Wesentliche schnell überblickt und sicher entscheiden kann.
- **Projektmanagement:** Sie koordinieren und begleiten bereichsübergreifende Projekte sicher und professionell, indem Sie Arbeitsschritte zuverlässig überwachen, Informationen an alle Beteiligten präzise und zeitnah weitergeben sowie eine Schnittstelle bilden, an der alle Informationen zusammenfließen.
- **BWL- und Managementwissen:** Sie haben fundierte Grundkenntnisse in BWL und über die gängigen Trends im Management.
- **Soziale Kompetenzen:** Sie sind Chef und Unternehmen gegenüber loyal. Sie kommunizieren verbindlich und verhandeln diplomatisch. Sie wahren eine stilvolle Balance aus menschlicher Nähe und professioneller Distanz.

«Ich schlief und träumte, das Leben wäre Freude. Ich erwachte und sah, das Leben war Pflicht. Ich handelte, und siehe, die Pflicht war Freude.» Diese Erfahrung durfte der indische Dichter Rabindranath Tagore machen. Später bekam er den Literatur-Nobelpreis. Ganz so perfekt müssen Sie es nicht hinkriegen.

# Klammeraffe

> *Das Hirn eines Menschen wiegt durchschnittlich 1310 Gramm. Rein nach der Hirngröße wäre der Elefant das klügste Tier. Setzt man Gehirngewicht in Relation zu Körpergewicht, schneidet der Klammeraffe am besten ab.*
>
> Konrad Kunsch, Biologieprofessor

Das @-Zeichen – gesprochen: «ät» – kommt bei jeder geschriebenen E-Mail zum Einsatz. Es ist der amerikanischen Kaufmannssprache entlehnt und wurde früher auf Rechnungen platziert: «10 lb @ 5 $» etwa stand für eine Menge von zehn Pfund zum Preis von fünf Dollar.

**Amerikanische Herkunft, römischer Ursprung**

Seinen Ursprung hat das Zeichen allerdings nicht in der Neuen Welt; die Amerikaner haben es nur übernommen. Das @ ist vom lateinischen «ad» (= zu, bei) abgeleitet. Im alten Rom, schreibt die italienische Tageszeitung *Corriere della Sera,* hatte Tiro, ein Sklave von Cicero, das Zeichen erstmals benutzt. Der Grund: Meisterredner Cicero pflegte seine *Epistulae* so schnell zu diktieren, dass der Schreiber nicht mitkam. So blieb Tiro nichts anderes übrig, als Abkürzungen zu erfinden. Das «ad» war nicht die einzige.

Im deutschsprachigen Geschäftsverkehr ist weder das amerikanische @ noch das römische «ad» gebräuchlich. Deutsche, österreichische und Schweizer Kaufleute setzen auf das französische «à» und bestellen beispielsweise 10 kg à 5 €, also eine Warenmenge von zehn Kilogramm zum Preis von fünf Euro.

**Die zweite Funktion des @**

Inzwischen hat das @ eine zweite Funktion erhalten, die für wesentlich mehr Benutzer von Bedeutung ist: 1971 verschickte Ray Tomlinson die erste E-Mail der Welt. Den genauen Inhalt kann der US-Computertechniker nicht mehr rekonstruieren («QWERTYUIOP. Oder so ähnlich.»). Doch erinnert er sich daran, dass er in seiner nächsten elektronischen Post die Verwendung des @-Symbols erklärte. Seitdem trennt das Zeichen in jeder E-Mail den Namen von der Domain. Das @ fehlt heute auf keiner Computer-Tastatur. Ist die Taste kaputt, gibt man die Kombination «Alt 64» ein.

**Klammeraffe & Co.**

Das @ lässt jede Mail-Adresse auf den ersten Blick erkennen. In den USA wird es ganz seriös «commercial a» genannt. Bei uns hat sich der umgangssprachliche «Klammeraffe» durchgesetzt. Weitere bildmalerische Bezeichnungen des @ sind in
Bulgarien: majmunka = Äffchen;
Dänemark: snabel-a = Rüssel-a;
Finnland: miukumauku = Katzenschwanz ;
Frankreich: petit escargot = kleine Schnecke ;
Griechenland: papaki = Entchen;
Großbritannien: snail = Schnecke;
Israel: shtrudel = Apfelstrudel ;
Italien: chiocciolina = Schnecklein;
Niederlande: aapestart = Affenschwanz ;
Norwegen: kanelbolle = Zimtschnecke ;
Polen: malpa = Affe;
Russland: sobachka = Hündchen ;
Schweden: kattfot = Katzenpfote;
Tschechien, Slowakei: zavináč = Rollmops;
Türkei: gül = Rose;
Ungarn: kukac = Wurm.

Wollen Sie sich die Ähnlichkeit zwischen Symbol und realem Vorbild plastisch vor Augen führen, liefert Ihnen die Internet-Seite *http://www.logilogos.de/klammeraffe.html* jede Menge Beweise.

> *Der Pfennig ist die Seele der Milliarde.*
>
> Grete Schickedanz, Gründerin des Versandhauses Quelle

Die Neubewertung des Geizes («Geiz ist geil») nahm, wie so vieles, in den USA ihren Anfang: Als in den Vereinigten Staaten Ende der achtziger Jahre Folgen einer Rezession spürbar wurden, erschien im Juni 1990 die erste Ausgabe von *The Tightwad Gazette.* (Ein *Tightwad* ist ein Geizkragen.) In Europa waren die Niederländer Vorreiter. «Hollands geizigstes Ehepaar» Rob van Eeden und Hanneke van Veen hatten großen Erfolg mit dem *Vrekkenkrant,* der «Zeitung für Geizhälse». 1996 erschien ihr Buch «Knausern Sie sich reich» auf Deutsch. Mittlerweile finden drei von vier Deutschen laut einer Umfrage des Magazins *Der große Knigge* das Feilschen um Preise keineswegs stillos; nur sieben Prozent lehnen es rundweg ab. Doch selbst für diese Minderheit ist bei Preisen ab 500 Euro eine Grenze erreicht: Ab dieser Summe geben sie ihre Zurückhaltung auf und beginnen zu handeln. Inzwischen bietet sogar der Hauptverband des Deutschen Einzelhandels seinem Verkaufspersonal Seminare im Feilschen an.

**Sparsamkeit ist nicht gleich Geiz**

«Sparsamkeit ist ‹in›», lautet auch das Ergebnis einer Veranstaltung des Frankfurter Marktforschungsinstituts Product Development Consultants (PDC). «Das heißt jedoch nicht, dass der Konsument von morgen zum Geizhals wird, er wird einfach clever: Der Einkauf beim Discounter, die Jagd nach ‹Schnäppchen› und das Handeln mit dem Verkäufer werden immer selbstverständlicher.» Anders als der vor einigen Jahren zu zweifelhaften Ehren gekommene Geiz ist Sparsamkeit eine durchaus positiv belegte Eigenschaft, von der auch Sie im Sekretariat profitieren können.

**Wie Sie Ihrer Firma beim Einkauf Geld sparen**

Immerhin profitiert das gesamte Unternehmen, wenn es Ihnen gelingt, beim Einkauf zu sparen. Hier sind einige Ideen, mit denen Sie Kosten im Sekretariat senken:

- Richtpreise: Legen Sie sich eine Liste mit Richtpreisen an. Durch Vergleiche finden Sie rasch heraus, welche günstigen Preise für Sie drin sind.
- Angebotsausschreibung: Teilen Sie Ihren Lieferanten mit, dass Sie auch deren Konkurrenten parallel zum Angebot aufgefordert haben. Das spornt an.
- Bündelung: Die Beschaffung verursacht auch bei Ihnen Verwaltungskosten. Denken Sie nur an Bestellung, Lieferscheinprüfung, Warenkontrolle, Rechnungsprüfung oder Überweisung: Deutliche Kosteneinsparungen können Sie erzielen, wenn Sie sich auf Grundlage Ihrer Preisvergleiche für nur wenige Lieferanten entscheiden. Ihre Vorteile: weniger Lieferungen; weniger Rechnungen, falls monatlich statt einzeln abgerechnet wird; weniger Prüfaufwand; weniger Überweisungen und höhere Gesamtrabatte.
- Erwägung eines Lieferantenwechsels: Sie müssen für Ihr Kostensenkungsprogramm nicht unbedingt Ihren Lieferanten wechseln. Schildern Sie Ihre Zielvorgaben und setzen Sie auf sein Entgegenkommen. Wechseln Sie nur, wenn dieser keine Anstrengungen unternimmt, mit Ihnen zu kooperieren.
- Budgetierung: Setzen Sie sich oder Ihren Mitarbeitern ein Ausgabenlimit. Grundlagen sind der Unternehmensplan und die Buchführung. Auch Erfahrungswerte von anderen Unternehmen können Anhaltspunkte sein.
- Betriebsvergleich: Sehr exakte Vergleichswerte erhalten Sie aus

regelmäßigen Betriebsvergleichen. Solche Werte ermittelt beispielsweise das Institut für Handelsforschung in Köln, Internet: www.ifhkoeln.de. 180 000 nationale und europäische Firmenprofile finden Sie unter www.ama-adress.de. Auch Ihr Steuerberater oder Ihr Unternehmensverband kann eine gute Adresse sein.

**So verhandeln Sie richtig beim Preis**

Lassen Sie bereits bei Ihrer Preisanfrage durchblicken, dass Sie sich auskennen. Die besten Preise holen Sie beim Einkauf mit diesen Tipps heraus:

- Treten Sie kompetent und selbstsicher auf.
- Wie viel ist das Produkt oder die Leistung in etwa wert? Informieren Sie sich vorab über den Preisrahmen.
- Nennen Sie noch keine konkrete Preisvorstellung! Ein Preis, den Sie nennen, bildet automatisch die untere Verhandlungsgrenze.
- Verraten Sie nicht, wie Sie zu Ihrer Preisvorstellung kommen! Damit lassen Sie sich in die Karten schauen, und Ihr Anbieter könnte Sie ausmanövrieren. Bleiben Sie besser vage: «Meine Preisvorstellungen liegen bei … Euro.»
- Fordern Sie den Anbieter auf, selbst Sparvorschläge zu machen. Gibt es ein vergleichbares Produkt mit ein paar Extras weniger noch günstiger?
- Bringen Sie die Konkurrenz nur andeutungsweise ins Spiel: «Ich möchte mir von Ihnen ein Vergleichsangebot einholen.»

Über Ihre neue Sparsamkeit und Ihr Verhandlungsgeschick können Sie ruhig Ihrem Chef oder Ihrer Chefin berichten. Reich wird man nicht durch das, was man verdient, hieß ein Erfolgsrezept des Autopioniers Henry Ford. Reich wird man durch das, was man nicht ausgibt.

> *Man sollte die Wahrheit dem anderen wie einen Mantel hinhalten, dass er hineinschlüpfen kann – und nicht wie ein nasses Tuch um den Kopf schlagen.*
>
> Max Frisch, Schweizer Schriftsteller

«Die wahre Kunst der Kommunikation» – so sah es die englische Schriftstellerin Lady Dorothy Nevill – «liegt nicht nur darin, das Richtige am richtigen Ort zur richtigen Zeit zu sagen. Man muss auch das Falsche im verlockenden Augenblick ungesagt lassen.»

Das Gegenteil von gut ist gut gemeint. Vermutlich wollen Sie mit Ihrer Kritik einer anderen Person nur helfen. Oder doch nicht? Sie müssen sich nicht nur über Ihre eigenen Absichten im Klaren sein. Auch die Folgen Ihrer Kritik sollten Sie rechtzeitig überdenken. Eine Kritik – vor allem eine unbedacht vorgetragene – bedeutet fast immer einen Angriff auf das Selbstwertgefühl Ihres Gegenübers.

**Drei Fragen, die Sie sich stellen sollten**

Dieter Zittlau, Verhaltenspsychologe und Experte für Konfliktmanagement, schreibt in seinem Standardwerk *Kommunikation und Rhetorik:* «Ein Kritikgespräch soll keine Abrechnung, sondern der Beginn einer positiven Veränderung sein. Es kann nicht darum gehen, den Mitarbeiter zu verändern, sondern bessere Ergebnisse zu erzielen.»

Zittlau nennt drei Fragen, die Sie sich zwecks Klärung Ihres Zieles vor einem Kritikgespräch – ob beruflicher oder privater Natur – stellen sollten:

1. Dient das Kritikgespräch dazu, Ihrem Ärger Ausdruck zu verleihen?
2. Soll das Kritikgespräch mit einem Zugeständnis Ihres Gegenübers enden?
3. Soll das Kritikgespräch zu einer Verhaltensänderung Ihres Gegenübers führen?

Haben Sie die ersten beiden Fragen mit «Ja» beantwortet? Dann gäbe es bessere Möglichkeiten, zu Ihrem Ziel zu gelangen, als ausgerechnet ein Kritikgespräch. Ihren Ärger können Sie beispielsweise eine Nacht lang überschlafen und sich am nächsten Tag die gleichen Fragen noch einmal stellen. Auch die Methode, einem Gesprächspartner etwas abzuzwingen oder eine Geste der Unterwerfung einzufordern, zeugt weder von guten Führungsqualitäten noch – im Umgang mit Ihren Kolleginnen und Mitarbeitern – von Feingefühl und Respekt.

Bleibt Frage drei. Falls es in Ihrem Umfeld zu einem Fehlverhalten gekommen ist oder falls sich durch Nachlässigkeiten und Kommunikationsmängel ein untragbarer Zustand entwickelt hat, sollten Sie die Ursache erforschen. Beginnen Sie aber bitte zunächst bei sich selbst. Es könnte ja sein, dass Sie für die Entwicklung mitverantwortlich sind. Erst wenn Sie dies guten Gewissens ausschließen können, sollten Sie Ihr Kritikgespräch vorbereiten.

**Kritik ist nicht gleich Tadel**

In unserem Sprachgebrauch wird Kritik häufig mit Tadel, Zurechtweisen und Ablehnung gleichgesetzt. Eine solche Betrachtungsweise wäre jedoch zu einseitig. Der Begriff Kritik stammt aus dem Griechischen: *téchnē kritikḗ* ist die Kunst der Beurteilung. In der Zeit der Aufklärung wurde der Begriff positiv besetzt: Ihr Zweck war es, mittels Vernunft und Verstand der gesamten Menschheit zu nützen – und nicht etwa Einzelnen zu schaden.

In den Sozialwissenschaften ist heute meist von *Feedback* statt

Kritik die Rede. Feedback – die deutsche Entsprechung lautet Rückkoppelung oder Rückmeldung – ist ein neutraler Begriff, der Abwertungen von vornherein ausschließen soll. Inhaltlich dient das Feedback der Korrektur des Verhaltens einzelner Personen – zum Wohl einer Gemeinschaft, eines Teams oder einer Organisation.

**Keine Angst vor ehrlichen Worten**

Sinnvoll angeführte Kritik hilft allen Beteiligten weiter. Wichtig ist, dass Sie bei Ihrem Feedback gewisse Spielregeln beachten. Neben der inhaltlichen Begründung muss auch die äußere Form stimmen: eine taktvolle Wortwahl, die angemessene Berücksichtigung der Situation. Kritisieren Sie offen und direkt, aber niemals vor Dritten.

Erfüllen Sie diese Voraussetzungen, wird man Ihnen Ihre Kritik nicht übel nehmen. Im Gegenteil, Sie ernten sogar Dankbarkeit. Allerdings sollte das Timing stimmen. Ein gestresster und genervter Gesprächspartner hört selten gut zu. Passen Sie einen Augenblick ab, in dem er oder sie ein offenes Ohr hat.

Bei Kritik geht es immer um die Sache. Ihnen darf nicht daran gelegen sein, einen persönlichen Triumph davonzutragen. Es geht einzig und allein darum, einen Zustand zu verbessern. Machen Sie Ihrem Gegenüber die Konsequenzen seines oder ihres Tuns klar. Und führen Sie die Ziele vor Augen, um die es wirklich geht: zum Beispiel Kundenzufriedenheit, effizientere Arbeit, ein ungetrübtes persönliches Verhältnis. Dabei sollten Sie die folgenden Dinge beherzigen:

- Sprechen Sie die Mängel offen an. Ziel ist es, dass die kritisierte Person ihr Fehlverhalten einsieht, akzeptiert und in Zukunft vermeiden will.
- Schildern Sie das Problem aus Ihrer Sicht. Zählen Sie nur die Fakten auf und halten Sie sich mit persönlichen Vorwürfen zurück.
- Werten Sie nicht, sondern zeigen Sie nüchtern die Auswirkungen des beanstandeten Verhaltens auf.

- Senden Sie Ich-Botschaften statt Sie-Botschaften: Sie-Botschaften klagen an, provozieren Widerstand und fördern Konflikte. Ich-Botschaften hingegen offenbaren die eigene Situation und werden seltener als Schuldzuweisung oder Maßregelung empfunden.

**Rhetorische Kniffe, die Ihnen helfen**

Wenn Sie es mit einer besonders widerspenstigen oder uneinsichtigen Person zu tun haben, helfen Ihnen einige rhetorische Kniffe. Sie finden wesentlich besser Gehör, wenn Sie kompetent und selbstsicher, aber nicht rigoros oder arrogant auftreten. Formulierungen, mit denen Sie etwas erreichen, sind beispielsweise;

- «Mir scheint, hier liegt ein Missverständnis vor ...»
- «Betrachten Sie es doch einmal aus diesem Blickwinkel ...»
- «Was hältst du von folgender Idee ...?»
- «Mein Vorschlag ist ...»
- «Könnten wir es nicht so machen, dass ...?»

**Wendungen, die bei Ihrem Gegenüber ankommen**

Demonstrieren Sie gesundes Selbstvertrauen. Ihr Gegenüber soll Ihre Lösungskompetenz anerkennen:

- Zeigen Sie weniger Emotion. Verzichten Sie weitgehend auf «weiche» Wendungen wie «ich finde», «ich möchte», «ich mag nicht». Beispiel: Sagen Sie statt «Ich finde, dass der Kundendienst verbesserungswürdig ist» lieber «Wir müssen den Kundendienst verbessern».
- Nehmen Sie sich in Acht vor so genannten rhetorischen Schutzschilden, die Ihre Aussagen von Anfang an verwässern. Sagen Sie statt «Ich glaube zwar nicht, dass es funktioniert, aber ...» lieber «Was halten Sie davon?». Oder statt «Ich kann mich irren, aber ...» besser «Unsere Meetings werden effizienter, wenn wir ab sofort ...».
- Beweisen Sie Durchsetzungsvermögen. Formulierungen wie

«Ich mag es nicht besonders, wenn Sie mir immer das Wort abschneiden» verfehlen Ihre Wirkung. Sagen Sie lieber direkt: «Bitte schneiden Sie mir nicht das Wort ab.»
- Mit der Schilderung Ihrer Gefühle treten Sie Ihrem Gegenüber zwar nicht so schnell auf die Füße, doch Sie weichen auch Ihre Aussagen auf. Mit klaren Meinungsäußerungen wie «Ich bin überzeugt, dass ...» oder auch «Mein Problem damit ist folgendes: ...» erreichen Sie mehr Aufmerksamkeit.

Versuchen Sie unbedingt – auch bei einem unerfreulichen Ausgang – einen positiven Abschluss zu finden. Reagieren Sie nicht emotional. Und sorgen Sie dafür, dass alle Beteiligten am Ende ihr Gesicht wahren.

> *Die meisten Menschen wollen lieber durch Lob ruiniert als durch Kritik gerettet werden.*
>
> Amerikanisches Sprichwort

Lassen Sie sich durch Kritik nicht aus der Ruhe bringen. Nehmen Sie diese lieber als Anregung. Wenn Ihr Projekt verrissen wird, Kollegen sich auf Sie einschießen oder Ihr Chef mit Ihrer Arbeit nicht zufrieden ist, müssen Sie damit umgehen können.

**So begegnen Sie Kritik**

Diane Cody, Chefredakteurin der US-Fachzeitschrift *Office Hours,* verrät Ihnen, wie Sie Kritik an Ihrem Verhalten geschickt beantworten:

- Halten Sie Ihre Emotionen im Zaum. Holen Sie tief Luft, zählen Sie leise bis zehn und zwingen sich, ruhig zu bleiben.
- Rechtfertigen Sie sich nicht sofort. Hören Sie sich alles an, machen Sie sich Notizen und beantworten Sie alle Punkte später.
- Nehmen Sie Kritik nie persönlich. Versuchen Sie, die konstruktiven Ansätze zu sehen.
- Bitten Sie Ihr Gegenüber, die Kritik zu präzisieren und auf den Punkt zu bringen. Verlangen Sie Begründungen und Beispiele.
- Nehmen Sie sich Zeit für Ihre Antworten. Legen Sie bewusst Pausen ein – das zwingt die anderen, Ihnen zuzuhören, und verleiht Ihren Worten mehr Gewicht.
- Schlagen Sie Lösungen und Alternativen vor. Wenn jemand anderes mit einem guten Vorschlag kommt, akzeptieren Sie das Angebot.

- Zeigen Sie guten Willen. Falls Sie absolut nicht mehr weiterwissen, danken Sie für die konstruktive Kritik und bitten die Person um Hilfe. Wenn ihr etwas an Ihnen liegt, wird sie gerne darauf eingehen.

Lassen Sie auf keinen Fall zu, dass andere Ihnen mit permanentem Gemecker die Arbeit madig machen. Zeigen Sie sich jedoch niemals beleidigt! Das passt nicht zu einer professionellen Sekretärin. Besser, Sie überraschen die Person, die Kritik an Ihnen geübt hat, mit einer positiven Reaktion: Statt genervt zu reagieren, seien Sie offen, freundlich und entgegenkommend.

**Kritik können Sie im Vorfeld vermeiden**

Sie müssen es aber nicht so weit kommen lassen, dass Kritik an Ihnen geübt wird. Wenn Sie wissen, dass bestimmte Handlungen Ihrerseits nicht überall auf Gegenliebe stoßen, bitten Sie im Vorfeld um ein Feedback. Auf diese Weise sichern Sie sich ab. Wenn Sie andere um deren ehrliche Meinung fragen, vermeiden Sie Fehler:

- Seien Sie nicht nur auf Komplimente aus. Nicht Schmeichelei, sondern allein konstruktive Kritik hilft Ihnen, in problematischen Fällen befriedigende Lösungen zu finden.
- Nehmen Sie die Rückmeldung an – auch wenn Sie anderer Meinung sind. Hören Sie nicht auf den Ton, nur auf den Inhalt. Lassen Sie die Informationen erst einwirken. Vielleicht entdecken Sie einen Anknüpfungspunkt für einen möglichen Kompromiss!
- Auch wenn Sie nicht zustimmen: Hören Sie bis zum letzten Wort zu, ohne zu unterbrechen.
- Verzichten Sie auf Erklärungen und Rechtfertigungen. Hören Sie aufmerksam zu, bedanken Sie sich. Zeigen Sie jedoch, dass Sie allein entscheiden, wie Sie die Information verwerten: «Danke für die interessanten Aspekte. Ich werde darüber nachdenken.»

Nicht immer sind Vorwürfe gerechtfertigt. Wie Sie unberechtigter Kritik begegnen, lesen Sie in dem gleichnamigen Kapitel.

> *Ihr Gehalt bekommen Sie nicht vom Boss,*
> *sondern vom Kunden.*
>
> Konrad Jud, deutscher Manager

Warum Kundenbindung und Kundenzufriedenheit für Unternehmen so wichtig sind, verdeutlicht ein Umfrageergebnis des Fachmagazins *EinzelHandelsBerater:* 96 Prozent aller unzufriedenen Kunden beschweren sich nie bei der Firma, deren Service sie als mangelhaft empfanden. Aber 13 Prozent erzählen 20 oder mehr Menschen von ihren Problemen mit dem Unternehmen! Und 90 Prozent der unzufriedenen Kunden bleiben einfach weg. Eine Konsequenz, die Sie aus diesem Kundenverhalten ziehen, sollte sein, Beschwerden in Zukunft nicht von der negativen, sondern von der positiven Seite zu sehen.

**Keine Beschwerde = keine zweite Chance**

Unzufriedene Kunden geben Ihnen eine zweite Chance: die Möglichkeit, den Mangel abzustellen und den Nachteil wieder auszugleichen. Gelingt Ihnen das, ist Ihr Kunde schließlich doch noch zufrieden und hätte allen Grund, weiter seine Geschäfte mit Ihnen zu machen. Würde er sich nicht beschweren, hätten Sie keinerlei Rückmeldung, könnten folglich nichts wiedergutmachen und hätten wahrscheinlich einen Kunden verloren. Für seine Offenheit sollten Sie ihm dankbar sein – und sich auch erkenntlich zeigen (siehe dazu den Eintrag «Beschwerdemanagement»).

**Lernen Sie Ihre Kunden besser kennen!**

Da sich aber – siehe oben – 96 Prozent aller unzufriedenen Kunden nie beschweren, müssen Sie andere Wege beschreiten, um Ihre Klientel besser kennenzulernen und enger an Ihr Unternehmen zu binden. Das gelingt Ihnen mit einer gut gepflegten Kundenkartei. Halten Sie darin folgende Details bereit:

- vollständige Firmenanschrift mit Telefonnummer, Faxverbindung und der Nummer des mobilen Anschlusses; auch die E-Mail-Adresse darf nicht fehlen;
- Privatanschrift, Telefon- und Faxverbindung, Nummer des privaten Mobiltelefons sowie private E-Mail-Adresse;
- Vorlieben und Besonderheiten: Kaffeetrinker, Teetrinker, Vegetarier ...;
- bereits erhaltene Geschenke;
- Hobbys und Reisen: Vielleicht hat der Geschäftspartner Ihnen am Telefon schon einmal von einer Reise erzählt oder dass er im Theater war. Daraus ergibt sich schnell ein lockeres Gespräch, und es ist zudem eine wertvolle Quelle in Bezug auf das nächste Weihnachtspräsent;
- bevorzugtes Hotel: ruhig oder zentral, Bad oder Dusche;
- Raucher oder Nichtraucher;
- Vor- und Nachname der Sekretärin.

**Ein kleiner Dank wirkt Wunder**

Neue Kunden zu gewinnen ist schwierig. Weit weniger schwierig ist es, Menschen zu Stammkunden zu machen, die Ihre Leistungen schon einmal in Anspruch genommen haben. Sie werden gern wiederkommen – vorausgesetzt, Sie überzeugen sie rundum von Ihrer Servicebereitschaft. Mit einem kleinen schriftlichen Dank haben Sie im Wettbewerb die Nase vorn. Schicken Sie dem Kunden doch einmal Pflege- oder Wartungstipps zu dem Produkt, das Sie ihm eben verkauft haben. Das macht längst nicht jeder. Sie werden staunen, wie gut das funktioniert! Am Schluss des Schreibens bieten Sie sich als Ansprechpartner für Fragen und weitere Wünsche an.

### Nutzen Sie den Effekt des After-Sales-Briefs

Auftrag erledigt, Ware geliefert, Rechnung geschickt – und danach hört der Kunde erst mal nichts von Ihnen: Das ist ein Fehler, denn nach dem Kauf ist vor dem Kauf. Ein erfolgreich ausgeführter Auftrag ist für Sie die Chance, eine stabile Kundenbeziehung aufzubauen! Was Sie dazu brauchen, ist ein After-Sales-Brief, ein freundliches Schreiben nach der kompletten Abwicklung. So fühlt sich der Kunde gut bei Ihnen aufgehoben und wird bei einem erneuten Auftrag zuerst an Sie denken.

Einen After-Sales-Brief senden Sie zwei oder drei Tage, nachdem der Kunde die Rechnung bezahlt hat. Sie können Ihr Schreiben auch nach einem Service-Einsatz im Haus des Kunden hinterlassen oder direkt nach einer Bestellung zusammen mit der Ware liefern. Inhaltlich haben Sie viele Möglichkeiten für Ihren Kundenbindungsbrief. Vom einfachen Dank für den Auftrag bis hin zu Produktinformationen oder Pflegehinweisen – die Ihrem Kunden einen zusätzlichen Nutzen bieten – ist alles möglich. Verwenden Sie für den After-Sales-Brief Ihren Repräsentationsbogen – oder zumindest einen Firmenbogen, der nicht Ihre AGB auf der Rückseite führt. Vergessen Sie nicht Ihre Kontaktdaten am Ende des Schreibens, und legen Sie eine Visitenkarte bei. Die wird nicht so leicht weggeworfen!

### Schreiben Sie auch zum Geburtstag oder Jubiläum

Schicken Sie eine Glückwunschkarte oder einen Brief zum Geburtstag eines Kunden oder zum Jubiläum eines Geschäftspartners – warum nicht mit einem beigelegten Gutschein? Allzu offensichtlich sollten Sie die Werbeabsicht Ihrer Gratulation nicht herauskehren, sondern sie eher dezent platzieren. Stellen Sie den Anlass Ihres Glückwunsches in den Vordergrund. Wichtig ist ein netter

Einstieg – etwa: zum Geburtstag: «‹Man braucht lange, um jung zu werden›, sagte einst Pablo Picasso. Zu Ihrem Ehrentag wünsche ich Ihnen alles Gute!» Zum Jubiläum könnte er so lauten: «Als Sie vor 30 Jahren mit dem Vertrieb von Büromaterial begannen, konnten Sie Ihre Ware noch in einem Lagerschuppen unterbringen. Vergleicht man es mit dem heutigen Firmengelände – auf dem fast 300 Beschäftigte arbeiten –, sagt uns dieses Bild mehr als alle Worte, welche Entwicklung Ihr Unternehmen genommen hat.»

Wie wichtig solche Kundenpflege ist, zeigt eine alte Marketing-Faustregel. Sie besagt, dass es fünfmal mehr kostet, einen neuen Kunden zu finden, als einen alten zu behalten.

*Wir sehen der Krötenwanderung freudig entgegen.*

Beginn eines Mahnschreibens eines Bonner Unternehmens

Die in Zürich beheimatete Mobiliar-Versicherung erhielt einmal einen nicht alltäglichen Brief eines säumigen Kunden: «Alle Rechnungen, die ich erhalte, bezahle ich niemals sofort, da mir dazu einfach das Geld fehlt. Die Rechnungen werden vielmehr in eine große Trommel geschüttet, aus der ich am Anfang jedes Monats drei Exemplare mit verbundenen Augen herausziehe. Diese Rechnungen bezahle ich dann sofort. Ich bitte Sie zu warten, bis das große Los Sie getroffen hat.» Nicht immer steckt böse Absicht hinter unbezahlten Rechnungen. Da Sie sich aber jede Woche bereits über die staatliche Lotterie ärgern, bei deren Ziehungen Sie immer leer ausgehen, müssen Sie sich kein weiteres Losverfahren gefallen lassen, an dem Sie nicht verdienen. Das Einzige, was Sie bei unserem Mobiliar-Kunden abschauen können, ist der unkonventionelle Stil: Der ist auch bei einem Mahnschreiben nicht verkehrt. Vor allem hilft er Ihrem Unternehmen, an sein Geld zu kommen.

### Mahnung einmal anders

Immer wieder gleich formulierte Mahnungen führen beim Kunden zu keiner Verhaltensänderung. Im Gegenteil: Sie machen es ihm leichter, mit einer routinierten Handbewegung das Schreiben in die «Ablage P» zu befördern. Viele Schuldner vermuten zudem, dass ihr Gläubiger einen schlechten Charakter hat. Um diesen Verdacht erst gar nicht aufkommen zu lassen, sollten Sie rechtzeitig vorbeugen – etwa, indem Sie eine besonders nette Zahlungsaufforderung verfassen. Säumige Kunden, bei denen eine unkonventionelle Mahnung angebracht ist und Erfolg verspricht, sind

- Erstkunden: Sie wollen dem säumigen Zahler nicht gleich schlechte Zahlungsmoral unterstellen;
- Kunden, die sonst pünktlich zahlen: Der Gedanke könnte unangenehm sein, Sie hielten die vergessene Zahlung für etwas anderes als ein Versehen;
- Kunden, die Sie gut kennen: Diese wollen nicht mit einem unpersönlichen Standard-Schreiben abgespeist werden;
- Kunden, die Ihnen viel Umsatz oder ein positives Image bringen: Wer regelmäßig viel Geld bei Ihnen lässt oder für gutes Renommee sorgt, sollte nicht mit der Holzhammermethode an fällige Zahlungen erinnert werden.

**Ihr Kunde muss sein Gesicht wahren**

Seien Sie in jedem Fall verbindlich in Ihrem Stil! Liefern Sie dem Kunden stets einen Grund mit, warum die Bezahlung vergessen worden sein könnte: Überlastung, Hektik des Alltags, Rutschen des Schreibens unter einen Papierstapel, Verzehr der Rechnung durch den hungrigen Reißwolf … So kann der Kunde sein Gesicht wahren. Wenn Sie zudem Humor beweisen, haben Sie bessere Karten: Muss sich der Kunde zwischen mehreren Gläubigern entscheiden, weil er nur eine oder zwei von fünf Rechnungen bezahlen kann, wird er sich für die sympathischeren Zeitgenossen entscheiden.

**So könnte Ihr Text aussehen**

Hier ist ein Beispiel für ein freundliches, diplomatisches, originelles Mahnschreiben:

- Wählen Sie als Betreffzeile: «Vergessen? Verloren? Verlegt?»
- Beginnen Sie freundlich: «Lieber Herr Kunde, es kann schon mal passieren, dass im täglichen Tohuwabohu etwas untergeht. Vielleicht ist ja genau das mit meiner Rechnung vom … passiert? Sonst habe ich keine Erklärung dafür, warum die aus-

stehenden … Euro noch nicht auf meinem Konto gelandet sind …»

- Schließen Sie versöhnlich: «Damit Sie jetzt nicht in Panik die Papierstapel auf Ihrem Schreibtisch durchsuchen, hektisch in der Altpapiertonne wühlen oder die Buchhaltung nervös machen, habe ich Ihnen einfach noch einmal eine Kopie der Rechnung und einen Überweisungsträger ausgedruckt. Es wäre nett, wenn Sie mir das Geld bis spätestens … überweisen würden. Vielen Dank!»

Beim Verfassen von Mahnungen dürfen Sie ruhig ein wenig kreativ sein. Ihre säumigen Kunden sind es auch.

*Der Klatsch der Frauen ist harmlos.*
*Der Klatsch der Männer ist gefährlich.*
*Man nennt ihn Konferenz.*

Françoise Sagan, französische Schriftstellerin

Nahezu zwei Drittel ihrer Zeit verbringen Deutschlands Führungskräfte in Meetings. Viel schlimmer: Vier von fünf sind mit deren Verlauf überhaupt nicht zufrieden, schreibt der Informationsdienst *Das Sekretärinnen-Handbuch*. Woran liegt das? Es beginnt schon bei der Vorarbeit: Ziele werden nicht exakt definiert, Teilnehmer fehlen oder sind einfach überflüssig, viele sind schlecht vorbereitet. So kommt es, dass nur bei jedem fünften Tagesordnungspunkt ein annehmbares Ergebnis erzielt wird!

**Meetings, bei denen etwas herumkommt**

Durch die entsprechende Vorbereitung vermeiden Sie ein derartiges Desaster. Beachten Sie bei der Organisation künftiger Meetings daher die erforderlichen Richtlinien:

- Halten Sie die Teilnehmerzahl so klein wie möglich: je weniger, desto effizienter. Laden Sie nur diejenigen ein, die auch mit dem Projekt zu tun haben.
- Verteilen Sie die Agenda rechtzeitig vor dem Meeting. Formulieren Sie ein klares Besprechungsziel. So kann sich jeder Teilnehmer optimal vorbereiten.
- Nehmen Sie keine Rücksicht auf Zuspätkommer. Fahren Sie bei notorischen Verzögerern die harte Tour: Sie werden nicht mehr hineingelassen. Für nicht ganz so krasse Fälle böte sich

eine sanftere Alternative an: Diese erhalten eine sarkastische Begrüßung und keine Spezialzusammenfassung des bisher Besprochenen.

- Sprechen Sie ein Verbot für die Nutzung von Mobiltelefonen aus. Das Interdikt betrifft auch das Empfangen und Tippen von SMS.
- Bestehen Sie auf einer gewissenhaften Vorbereitung sämtlicher Mitwirkenden. Stellen Sie fest, dass jemand im Meeting nicht auf dem neuesten Stand ist, sprechen Sie dieses Manko an.
- Ordnen Sie jedem Traktandum einen Zeitrahmen zu, den Sie nicht überschreiten sollten. Stellen Sie im Verlauf fest, dass Ihnen dies nicht gelingt, beenden Sie das Thema, erfassen das Zwischenergebnis und schließen den Punkt im nächsten Meeting ab.
- Beenden Sie die einzelnen Themen grundsätzlich mit Zwischenresultaten. Resümieren Sie das Wesentliche: Was können Sie als Ergebnis festhalten? Welche Zielsetzung folgt daraus? Was muss bis wann getan werden, um Ziele und Zwischenziele zu erreichen? Wer ist dabei für was zuständig?
- Machen Sie Pausen. Eine Stunde ist die Maximaldauer für effizientes Arbeiten. Legen Sie vorher jedoch nicht den genauen Zeitpunkt der Pausen fest! Bereits zehn Minuten vor der geplanten Unterbrechung sind Aufmerksamkeit und Konzentration bei den Teilnehmern meistens dahin. Die Zuhörer bleiben jedoch die ganze Zeit aufmerksam, wenn sie die Pausenzeiten vorher nicht kennen. Schlagen Sie einfach dann eine Pause spontan vor, wenn ein größeres Thema abgeschlossen wurde.
- Kanalisieren Sie den Mitteilungsdrang! Teilnehmer, die vom Thema abweichen, führen Sie zum Kern zurück. Sind gleich mehrere Schnattermäuler zugegen, hilft nur ein Mittel: Redezeiten begrenzen.
- Ermutigen Sie die Schweigsamen. Sprechen Sie diese gezielt an und bitten Sie ausdrücklich um deren Meinungsäußerung.

- Beenden Sie das Meeting mit einer Zusammenfassung. Die Teilnehmer sollen das Gefühl haben, dass die Besprechung erfolgreich war.
- Fassen Sie die Ergebnisse in einem Protokoll zusammen. Formulieren Sie ein klares Besprechungsergebnis. Schreiben Sie auf, wer was bis zu welchem Termin erledigen muss und wann ein Zwischenbericht nötig ist. Halten Sie die Abgabe- und Zwischenberichtstermine!

**Wenn ein Teilnehmer seiner Aufgabe nicht nachgekommen ist**

Tragen Sie die Ergebnisse beim nächsten Meeting vor. Scheuen Sie nicht davor zurück, Negatives anzusprechen. Ist ein Mitarbeiter seiner Pflicht nicht nachgekommen, ist das auch ein Ergebnis. Sie müssen niemanden an den Pranger stellen, sollten aber mit Ihrer Enttäuschung nicht hinterm Berg halten. Formulieren Sie diplomatisch: «Herr Zauderer wird, denke ich, seine Ergebnisse per E-Mail an sämtliche Teilnehmer nachreichen! Möchten Sie dazu noch etwas sagen, Herr Zauderer?»

**Ein Tipp, der Ihnen viel Zeit spart**

Mit der *Methode 635* kürzen Sie die Ideenfindungsphase in Meetings erheblich ab. So funktioniert sie:

1. Setzen Sie sechs Personen an einen Tisch. Jede erhält ein Blatt, auf dem die Frage beziehungsweise das Problem steht.
2. Lassen Sie drei Lösungsvorschläge gut lesbar auf das Blatt schreiben.
3. Lassen Sie jeder Person fünf Minuten Zeit.
4. Sorgen Sie nach Verstreichen der fünf Minuten dafür, dass jeder das Blatt im Uhrzeigersinn an den Nachbarn weiterreicht. Angeregt durch die Vorschläge, die der erste Teilnehmer bereits auf dem Blatt notiert hat, schreibt der zweite weitere Ideen dazu und ergänzt damit die vorhandenen.
5. Schon beim Start haben Sie 6 x 3 = 18 Vorschläge! Nach einem

Durchlauf – bei nur einem zusätzlichen Vorschlag – sind es bereits 24 Lösungsideen. Und das nur in einer halben Stunde!

**Auch die Raumfrage entscheidet über den Erfolg**

Die Beantwortung der Frage, welcher Ort für Ihr Meeting der geeignete ist, dürfen Sie nicht dem Zufall überlassen. Die Raumauswahl hängt ab von der Länge der Besprechung, der Anzahl der Teilnehmer und gegebenenfalls der Image-Wirkung gegenüber Außenstehenden. Hier gilt es bestimmte Faustregeln zu beachten:

- Suchen Sie für zwei bis fünf Personen einen Raum von mindestens zehn Quadratmeter Größe aus. Pro fünf Teilnehmer mehr planen Sie jeweils zehn Quadratmeter extra ein.
- Wählen Sie einen Raum mit quadratischer oder auch leicht rechteckiger Form, aber keinen Schlauch: Lange schmale Räume sind ungeeignet, da der Moderator die letzten Reihen nicht im Blick hat und zudem ständig geradeaus schauen muss.
- Durch ausschließlich künstliche Beleuchtung ermüden die Teilnehmer schneller. Wählen Sie daher einen Raum mit Tageslicht. Prüfen Sie auch, ob sich die Fenster öffnen lassen. Nicht nur Wachskerzen, auch Teilnehmer an Meetings benötigen regelmäßige Sauerstoffzufuhr zur Erleuchtung.
- Bei der Bestuhlung haben Sie die Wahl zwischen der parlamentarischen Anordnung (Reihenbestuhlung mit vorgelagerten Tischen), der Blockform (die Tische werden so zusammengerückt, dass sie mehrere kleine oder einen großen Block bilden) oder der aus dem Schulunterricht bekannten U-Form. Eine Alternative wäre die Variante komplett ohne Stühle.

**Es müssen nicht immer Stühle sein**

Besprechungen können Sie auch an Stehtischen abhalten. Da niemand lange in der unbequemen Position verharren will, werden Sie viel Zeit sparen. Eine Studie mit 111 Testgruppen an der University of Missouri belegt: Konferenzen ohne Stühle sind um ein Drittel kürzer als Sitzbesprechungen. Hinzu kommt der Effizienz-Bonus: Die Steher waren mit den Ergebnissen weitaus zufriedener als die Sitz-Gruppen. Die Steh-Alternative bietet sich allerdings nur für interne Beratungen an.

**Stellen Sie im Vorfeld Regeln auf!**

Ihre Meetings werden effizienter, wenn Sie rechtzeitig Regeln aufstellen. Diese werden an die Einladung angehängt. Beachten Sie aber, dass Auswärtige dies als Bevormundung empfinden könnten. Versenden Sie die Richtlinien daher nur an Mitarbeiter Ihres Unternehmens – und an solche Personen von außerhalb, zu denen Sie enge Beziehungen pflegen beziehungsweise mit denen Sie auf wirklich vertrautem Fuße stehen. Ihre Meeting-Regeln könnten wie folgt lauten:

- Die Besprechung beginnt pünktlich, und der geplante Endtermin wird eingehalten.
- Alle Teilnehmer sind gut auf die Besprechung vorbereitet.
- Jeder kennt den Grund und die Ziele der Besprechung und weiß, warum er dabei ist.
- Die Regeln erfolgreicher Gesprächsführung werden von allen beachtet: Wir fassen uns kurz. Wir hören aktiv zu. Wir lassen andere ausreden. Wir formulieren unsere Beiträge verständlich. Wir bleiben sachlich. Wir schweifen nicht vom Thema ab. Wir verwenden keine Killerphrasen.
- Beschlüsse werden eingehalten, Hausaufgaben werden gemacht.

Ziel Ihres Besprechungsmanagements sollte sein, dass die Teilnehmer ihr Wissen und ihre Kreativität optimal und frei von Störungen in jedes Meeting einbringen können.

> *Das Zweierteam Sekretärin und Chef*
> *wird es in Zukunft nicht mehr geben.*
>
> Einschätzung des Fachmagazins «Assistenz & Sekretariat inside»

Wenn Sie für zwei oder drei Chefs oder Chefinnen arbeiten, sind Sie gezwungen, mit allen zu kooperieren. Trachten Sie danach, jeden dieser Vorgesetzten als gleichberechtigt anzusehen und zu behandeln. Eifersüchteleien dürfen erst gar nicht aufkommen; aus eventuellen Grabenkämpfen müssen Sie sich strikt heraushalten.

**Zwei Kardinalprobleme**

Bei der Zusammenarbeit mit mehreren Chefs treten häufig diese beiden Probleme auf:

- Erstens: Ihre Chefs stehen unter starkem Zeit- und Termindruck, Sie bekommen von allen Seiten Aufgaben mit höchster Priorität übertragen.
- Die Lösung: Bitten Sie Ihre Chefs zum gemeinsamen Gespräch. Bringen Sie eine Aufstellung Ihrer täglichen Aufgaben mit. Die sollte einen Monat abdecken und genau zeigen, welche Aufgaben Sie für welchen Chef mit welchem Zeitaufwand erledigen. Jetzt wissen alle, wo die Engpässe sind. Regen Sie eine wöchentliche gemeinsame Planung im Team an. So ist jeder informiert – und Sie wissen, welche Aufgaben in dieser Woche für welchen Chef anstehen.
- Zweitens: Ihre Chefs tragen Machtkämpfe auf Ihrem Rücken aus. Jeder misst seine Bedeutung daran, ob Sie seine Aufgaben zuerst erledigen.

- Die Lösung: Bleiben Sie neutral und halten Abstand. Delegieren Sie bei Konflikten die Prioritätenentscheidung an Ihre Chefs zurück: «Dr. Meyer hat mich gebeten, die Präsentation für ihn fertigzustellen. Falls die Quartalszahlen für Sie Vorrang haben, bitte ich Sie, das mit Dr. Meyer zu klären. Dann werde ich Ihre Aufgabe gern vorrangig behandeln. Ich selbst kann das nicht entscheiden.»

**Fünf Grundregeln**

Für eine reibungslose Kooperation mit mehreren Chefs empfiehlt sich die konsequente Einhaltung einer Handvoll Grundregeln:

1. Lassen Sie sich nicht in Machtspielchen hineinziehen. Bestehen Sie notfalls auf einer gemeinsamen Aussprache aller Beteiligten. Bleiben Sie neutral, ergreifen Sie niemals Partei. Bevorzugen Sie niemanden. Seien Sie zu allen gleich freundlich.
2. Sorgen Sie für klare Absprachen und regelmäßige Teambesprechungen – mindestens einmal pro Monat! So weiß jeder der Vorgesetzten über Ihr Arbeitspensum Bescheid.
3. Stellen Sie klar, wie viel Zeit Sie für jede Ihrer Tätigkeiten brauchen. Lassen Sie dies sämtliche Chefs wissen. Und bauen Sie Puffer ein!
4. Vereinbaren Sie in den Teambesprechungen Prioritäten. Halten Sie das Ergebnis im Protokoll fest. Lassen Sie es von allen unterzeichnen.
5. Wählen Sie für jeden Chef andersfarbige Ordner und Hüllen aus.

Eifersucht, fand der französische Schriftsteller Henry de Montherlant, sei ein Dienstmädchengefühl. Sie müssen darauf Acht geben, dass daraus kein Dienstherrengefühl wird.

> *Wenn jeder Mensch in Deutschland eine Stunde am Tag ohne Unterbrechung durcharbeiten würde, bekämen wir den größten Innovationsschub aller Zeiten.*
>
> Ernst Pöppel, Psychologieprofessor und Hirnforscher

Mehrere Dinge gleichzeitig zu tun ist ineffektiv, schreiben amerikanische Hirnforscher im Fachblatt *Journal of Experimental Psychology:* Das Umschalten zwischen verschiedenen Aufgaben kostet meist mehr Zeit, als durch gleichzeitige Tätigkeiten eingespart wird. Die Wissenschaftler beobachteten Versuchspersonen, die gleichzeitig mehrere Aufgaben zu lösen hatten. Dabei zeigte sich, dass der Wechsel zwischen den Aufgaben viel Zeit in Anspruch nahm: Waren diese den Teilnehmern nicht bestens vertraut, mussten sie sich bei jedem Sprung zu einer anderen Aufgabe zeitraubend wieder einarbeiten. Das Fazit der Wissenschaftler: Konzentriertes Abarbeiten von Aufgaben nacheinander ist wesentlich effizienter als Multitasking.

**Nutzen Sie Ihr tägliches Leistungshoch!**

Neben dem Faktum, *dass* Sie Aufgaben nacheinander abarbeiten, ist entscheidend, *wann* Sie das tun. Achten Sie bei der Erledigung von Arbeiten daher stärker auf leistungsstarke und leistungsschwache Zeiten:

- Finden Sie heraus, zu welchen Zeiten Sie besonders fit sind. Erledigen Sie dann Arbeiten, die Ihre ganze Konzentration erfordern: komplizierte Abrechnungen, Statistiken, Übersetzungen.
- Auf diese Weise sparen Sie Zeit, weil Sie in leistungsstarken

Zeiten dieselbe Aufgabe rascher erledigen. Wichtig ist auch, dass Sie beim hochkonzentrierten Arbeiten nicht gestört werden!

- Heben Sie sich Botengänge (halten wach!), Kopiertätigkeiten und Telefonate für leistungsschwache Zeiten – etwa nach dem Mittagessen – auf.
- Richten Sie sich, Ihrer biologischen Uhr folgend, feste – und störungsfreie – Zeiten ein!

**So überbrücken Sie Durchhänger**

Neben Leistungshochs gibt es auch Leistungstiefs und Zeiten, in denen Sie einfach nichts auf die Reihe kriegen. Das ist normal, denn Sie können nicht ständig voll konzentriert arbeiten und alles geben. Manchmal aber dauern die Durchhänger länger, als Sie es sich wünschen, der Chef das hinnimmt und das Betriebsergebnis dies toleriert. Dann sollten Sie gegensteuern:

- Machen Sie eine To-do-Liste. Die wirkt oft Wunder. Streichen Sie alle erfüllten Aufgaben durch. So können Sie sehen, dass Sie vorankommen.
- Machen Sie Entspannungsübungen. Beherrschen Sie autogenes Training oder eine andere Entspannungstechnik? Jeden Tag zehn Minuten genügen. Eine Auswahl kurzer Übungen finden Sie in entsprechenden Fitness-Ratgebern oder auch über Gesundheitsportale im Internet.
- Legen Sie sich eine Positiv-Mappe an. Bewahren Sie darin alles auf, was Ihnen in Ihrem Beruf Freude bereitet hat: Erfolgserlebnisse, lobende Sätze von Chefs und Kollegen, anerkennende Briefe und Mails von Kunden oder Geschäftspartnern. Lesen Sie sich eines der Schriftstücke laut vor, wenn Sie nicht gut drauf sind: Die Anerkennung, die Ihnen andere gegeben haben, wird Sie neu motivieren.

**Wann erzielen Sie die besten Leistungen?**

*Flow* heißt der Zustand, der Höchstleistung mit Wohlbefinden vereint. Das fanden der ungarischstämmige Psychologe Mihaly Csikszentmihalyi von der Universität Chicago und der Heidelberger Professor Felix von Cube heraus. Sie untersuchten in ihrer Studie, wann Sportler, Kletterer, Schachspieler und Manager optimale Leistungen erzielen. Wie aber erreichen Sie im Sekretariat den idealen Zustand, in dem Sie in Ihrer Arbeit aufgehen? Am besten können Sie sich konzentrieren, wenn Sie ein bisschen stärker als üblich gefordert werden und etwas mehr als gewöhnlich geben können. Sind Sie zu wenig gefordert, langweilen Sie sich. Bei Überforderung geraten Sie in negativen Stress.

So setzen Sie diese Erkenntnis an Ihrem Arbeitsplatz um: Sorgen Sie dafür, dass Sie jeder Aufgabe – von den kleinen Routinearbeiten einmal abgesehen – etwas Spezielles abgewinnen können. Was an der Ihnen als Nächstes vorliegenden Aufgabe gefällt Ihnen besonders? Worauf freuen Sie sich dabei? Konzentrieren Sie sich intensiv auf die neue Aufgabe – und auf diesen Aspekt!

Den Flow-Zustand hat es auch schon gegeben, bevor Mihaly Csikszentmihalyi ihn wissenschaftlich untersucht hat. Etwas salopp hat man ihn als Spaß an der Arbeit bezeichnet. Manchmal stellt er sich erst ein, wenn diese vorbei ist. Auch darauf kann man sich freuen.

> *Ein jeder Wunsch, wenn er erfüllt, kriegt augenblicklich Junge.*
>
> Wilhelm Busch, deutscher Dichter

Werden Sie immer wieder gerne mit allerlei Tricks um Gefälligkeiten gebeten? Dann sollten Sie sich angewöhnen, auch mal «nein» zu sagen. Haben sich Ihre Vorgesetzten und Kollegen erst an Ihre Verfügbarkeit gewöhnt, gibt es kein Zurück mehr: Jeder erwartet wie selbstverständlich, dass Sie alle an Sie herangetragenen Bitten erfüllen. Gegenleistungen dürfen Sie nicht erwarten. Berufliche Vorteile? Fehlanzeige! Mehr Anerkennung im Büroalltag? Vergessen Sie's! Erst wenn Sie die Notbremse ziehen und das Nein-Sagen lernen, werden andere die Notwendigkeit von Gefälligkeiten hinterfragen und auch Ihre Bedürfnisse respektieren.

**Die Irrtümer des Ja-Sagens**

Viele Menschen, die häufig um Gefälligkeiten gebeten werden, trauen sich einfach nicht, Nein zu sagen. Steckt dahinter die Angst, es sich mit jemandem zu verderben und künftig Nachteile befürchten zu müssen? Hinterfragen Sie, was das Nein-Sagen wirklich zur Folge hat:

- Nein sagen torpediert die Zusammenarbeit: Beinhaltet eine gute Kooperation nicht mehr, als dass Sie immer nur Ja Sagen?
- Nein sagen enttäuscht: Andere können sich nicht immer nur auf Sie verlassen, sondern müssen sich auch selbst um Alternativen kümmern.
- Nein sagen ist egoistisch: Egoistisch ist, wer Hilfsbereitschaft ausnutzt.

- Nein sagen erzeugt Streit: Schon möglich. Es sorgt aber auch für Respekt!
- Nein sagen verscherzt Sympathien: Wenn Sie eine Bitte abschlagen, weil es Ihnen nicht passt, sehen die anderen, dass auch Sie Bedürfnisse haben.
- Nein sagen lässt andere hängen: Sie schaden sich selbst, wenn Sie anderen stets die Suche nach Lösungen und das Tragen von Verantwortung abnehmen.

**Die Vorteile des Nein-Sagens**

Nachdem Sie tief verwurzelte Bedenken ausgeräumt haben, gehen Sie nun dazu über, sich die Vorteile des Nein-Sagens vor Augen zu führen:

- Zeitgewinn: Lehnen Sie zusätzliche Aufgaben gelegentlich ab, können Sie Ihre eigenen schneller und konzentrierter erledigen.
- Selbstbewusstsein: Ständiges vorschnelles Zusagen erzeugt in Ihnen Angst, nein zu sagen. Sie halten sich für wenig durchsetzungsfähig und verlieren den Mut, eigene Standpunkte zu vertreten. Durchbrechen Sie den Teufelskreis. Sie gewinnen
  a. mehr Zeit,
  b. mehr Courage,
  c. mehr Selbstsicherheit.
- Planungsspielraum: Lassen Sie sich nicht länger verplanen. Organisieren Sie selbst einen möglichst großen Teil Ihres Arbeitstages.
- Freunde: Wirkliche Freunde erkennen Sie daran, wer noch zu Ihnen hält, wenn Sie sich nicht ständig ausnutzen lassen.
- Respekt: Ja-Sager sind nett, werden aber nicht ernst genommen. Sinnvolles Nein-Sagen zeigt, dass Sie Ihre Grenzen kennen, und verschafft Respekt.

**Und wie sagen Sie «Nein!»?**

Jetzt fehlen Ihnen nur noch die richtigen Worte: Wie kleiden Sie Ihr Nein, damit es niemandem sauer aufstößt und zu keinen Ressentiments führt? Hier sind die passenden Antworten auf die üblichen Gefälligkeitstricks – nach der Maxime: verbindlich im Ton, aber in der Sache konsequent:

- Sie werden mit einem Lob geködert: Antworten Sie: «Schön, dass Sie meine Arbeit so schätzen, aber ich habe eine Aufgabe übernommen, die bis morgen früh um neun fertig sein muss und meine volle Konzentration verlangt.»
- Sie fühlen sich verpflichtet: Signalisieren Sie Ihre grundsätzliche Hilfsbereitschaft und sagen gleichzeitig, warum es im Moment nicht geht: «Beim nächsten Mal gern. Aber jetzt bin ich auf dem Weg zur Konferenz, bei der ich Protokoll führen muss.»
- Sie werden dringend um Hilfe gebeten: Prüfen Sie, ob die Bitte zum ersten Mal so formuliert wurde. Bieten Sie Alternativen an: «Heute Abend geht es wirklich nicht. Ich komme morgen gern eine Stunde früher.»
- Sie werden bereits aus Gewohnheit gefragt: Sagen Sie ruhig einmal: «Tut mir Leid, aber ich komme heute nicht bei der Post vorbei» oder «Nein, heute habe ich keine Zeit, deine Sachen mitzukopieren».
- Leider hat Ihre gute Erziehung zum Reflex geführt, dass Sie immer spontan Ja sagen: Lassen Sie sich Zeit. Sagen Sie: «Ich muss zuerst in meinen Terminkalender schauen und rufe dich in einer Viertelstunde zurück.»

Selbst für notorisch höfliche Menschen, die sich für die Fehler eines anderen auch noch bei diesem entschuldigen, gibt es einen Ausweg aus der Ja-Falle. Statt zu sagen «Tut mir Leid, dass ich dich nicht davon abgehalten habe, meinen Radiergummi zu verbaseln; ich hätte dir einen größeren leihen sollen», bleiben Sie das nächste Mal konsequent. Wenn Ihnen wieder mal Sachen abhanden kommen, weil sie zunächst als ständiges Ausstellungsstück auf dem Schreibtisch Ihrer Kollegen landen und anschließend den Weg aller Abnutzungsgegenstände gehen, sagen Sie beim nächsten Ausleihversuch: «Bitte hol dir im Lager einen eigenen Radiergummi. Dann haben wir beide das, was wir brauchen.»

> *Erfolge sind immer ein Ergebnis von Leistung und Beziehungen.*
>
> Philosophie der Website www.frauen-kluengeln.de

In Köln heißt es leicht anrüchig *Klüngel,* in Großbritannien *Old Boys Network;* in Bayerns politischer Vergangenheit spielten *Amigos* eine große Rolle, in Ämtern und auf Behörden beschleunigt *Vitamin B* häufig das Weiterkommen: Gemeint sind die zahlreichen Netzwerke, die sich durch unser Berufs- und Alltagsleben spinnen. Netzwerke erleichtern manches und bringen Sie voran. Sie können sicher sein: Irgendwann hilft auch Ihnen eine Person weiter, der Sie einmal einen Gefallen getan haben.

Wer sich beim beruflichen Weiterkommen durch Netzwerke helfen lässt, tut gut daran: Eine schnellere Karriere und ein höherer Verdienst winken. Das ist das Ergebnis einer Umfrage der Personalberatung Access unter mehr als 1800 Akademikern in kaufmännischen Berufen. In der Studie bezeichnete sich jeder zweite Teilnehmer als Netzwerker. Über 36 Prozent von ihnen waren mindestens Projektleiter – bei den Einzelkämpfern schafften das nur 26 Prozent. Fast 40 Prozent der Netzwerker verdienten mehr als 50 000 Euro im Jahr. Von den Einzelkämpfern gelang dies lediglich 30 Prozent.

### Netzwerke für berufstätige Frauen

Netzwerke helfen beim beruflichen Weiterkommen. Meistens nutzen sie Männern. Warum eigentlich? Im Internet gibt es mittlerweile eine stattliche Anzahl von Kooperationsangeboten von und für berufstätige Frauen. Das eine oder andere sollten Sie gelegentlich nutzen. Die besten Adressen im Internet sind:

- *www.webgrrls.de*
- *www.webwomen.at*
- *www.euma.org*, *www.euma-austria.at* (European Management Assistants)
- *www.ceiberweiber.at*
- *www.frauen-kluengeln.de*
- *www.frauenzentrale.ch*
- *www.wirtschaftsfrauen.ch*
- *www.bpw.ch* (Bund Schweizerischer Frauenorganisationen)
- *www.bpw-germany.de*

**Ehrenamtliche Karriere-Beratung**

Expertinnen aus Wirtschaft, Politik, Medien, Handel, Medizin und Justiz helfen Ihnen auch im Gespräch unter vier Augen bei der Karriereplanung, beim Weiterkommen im Unternehmen und bei Problemen am Arbeitsplatz. Die Frauen vom Fach gehören dem Expertinnenberatungsnetz (EBN) an. Eine Beratung kann je nach Anliegen eine Stunde lang sein oder mehrere Monate dauern. Die Gebühren sind recht gering, da das EBN-Projekt von Stadt, Land und EU gefördert wird. Kontakte auch in Ihrer Region finden Sie im Internet unter *http://www.frauenakademie.de/ebn/ebn.htm.*

**Karriere-Beratung vom Berufsverband**

Eine kostenlose Karriere-Beratung, allerdings nur für seine Mitglieder, bietet der Bundesverband Sekretariat und Büromanagement in Bremen an. Das Weitergeben von Wissen und das Lernen voneinander stehen hier im Vordergrund. Doch auch für Nichtmitglieder lohnt es sich durchaus, einmal auf der Website des Verbandes vorbeizuschauen. Die Internetadresse lautet: *http://www.bsb-office.de.*

**So begegnen Sie den Richtigen**

Wie begegnen Sie den Leuten, die Ihnen den entscheidenden Hinweis für den nächsten Schritt in Ihrer Karriere geben? Wo finden Sie diejenigen, die mit ihrem Schlüssel eine Ihnen sonst verschlossene Tür öffnen? Fragen Sie sich, wo und unter welchen Umständen solche richtungweisenden Begegnungen stattfinden könnten:

- Gibt es in Ihrem Wohnort Initiativen oder Vereine, in denen Sie gern mitwirken würden? Vielleicht weil es Ihrer Weltanschauung entspricht, Sie sich engagieren möchten, um anderen Menschen zu helfen, oder Sie sich dort ein wenig Spaß versprechen? Unter Gleichgesinnten finden Sie rasch Verbündete – die Ihnen auch mal auf einem anderen Gebiet helfen.
- Suchen Sie sich für Ihre Branche, für Ihr Unternehmen, für Ihren Sekretariatsberuf wichtige Organisationen oder Verbände heraus. Schnuppern Sie hinein, indem Sie bei einem Jahrestreffen vorbeischauen. Oder studieren Sie die Verbandszeitschrift – und publizieren dort vielleicht selbst etwas.
- Ein wichtiger Termin im Sekretariatsbereich ist der *Office Day*, veranstaltet vom Bundesverband Sekretariat und Büromanagement. Er richtet sich an Sekretärinnen, Assistentinnen, Office-Managerinnen, Büroleiterinnen und Selbstständige in diesem Bereich. Überall in Deutschland finden an einem Tag Mitte März Weiterbildungsveranstaltungen, Vorträge und Netzwerktreffen statt. Nähere Informationen finden Sie auf der BSB-Homepage: *http://www.bsb-office.de.*

**Kontakte knüpfen und ausbauen**

Wenn Sie eine Person kennen gelernt haben, von deren Fürsprache Sie sich zukünftig einiges versprechen, sollten Sie am Ball bleiben:

- Bitten Sie um die Telefonnummer der betreffenden Person. Bieten Sie auch Ihre an. Hierfür eignen sich private Visitenkarten.

- Halten Sie sich an die Faustregel, dass Gesprächspartner sich im Allgemeinen bis zu 72 Stunden nach einem Gespräch noch an Sie erinnern werden. Warten Sie also nicht zu lange.
- Bedanken Sie sich für das informative Gespräch – oder den guten Tipp – per E-Mail, telefonisch, mit einer schönen Karte oder einem Brief – je nachdem, in welchem Rahmen der Kontakt stattgefunden hat.
- Halten Sie Zusagen unbedingt ein, wenn Sie etwas versprochen haben. Umgekehrt gilt: Meldet sich die Person nicht von sich aus, reicht ein einmaliges Erinnern aus. Statt sie hartnäckig zu verfolgen und zu nerven, setzen Sie lieber auf einen anderen Kontakt.

Die richtigen Leute zu treffen ist zwar nicht ganz einfach. Wenn Sie es aber geschafft haben, Mitglied eines funktionierenden Netzwerks zu sein, kommen andere auch auf Sie zu.

*Anfangs wollt ich fast verzagen,*
*und ich glaubt, ich trüg es nie;*
*und ich hab es doch getragen –*
*aber fragt mich nur nicht, wie.*

Heinrich Heine, deutscher Dichter

«Der erste Tag verlief so, wie ich geahnt hatte: denkbar schlecht.» Teilen Sie diese Erinnerung einer Sekretärin an ihren Start in der neuen Abteilung? Dann gelingt es Ihnen vermutlich auch, sich in die Rolle einer Mitarbeiterin zu versetzen, die in Ihrem Unternehmen gerade angefangen hat. So, wie Sie damals vielleicht gerne mehr Unterstützung erfahren hätten, können Sie jemand anderem den Einstieg in den neuen Job erleichtern. Ganz nebenbei tun Sie sich selbst etwas Gutes: Jeder Neuankömmling, den Sie erfolgreich eingearbeitet haben, wird sich an Sie erinnern – und sich bei Gelegenheit für die erhaltene Hilfe erkenntlich zeigen. Melden Sie sich daher ruhig freiwillig, wenn es gilt, neu Hinzugekommene in Ihrer Firma einzuarbeiten.

### Der erste Tag

Damit gleich der erste Tag eines neuen Mitarbeiters positiv verläuft, sollten Sie bei der Einarbeitung Folgendes beachten:

- Wird der oder die Neue persönlich von der Abteilungsleitung beziehungsweise vom Chef begrüßt? Oder übernehmen Sie diese Aufgabe? Notieren Sie den Empfang in Ihrem Terminkalender!
- Erklären Sie dem Neuling die Firmenstruktur und die Kompe-

tenzbereiche. Dessen Arbeitsplatz muss komplett ausgestattet sein: aktuelles internes Telefonverzeichnis auf dem Schreibtisch, Nummern der wichtigsten externen Ansprechpartner, Organisationsplan, Dokumentation zu den betrieblichen Abläufen wie Arbeits- oder Kantinenzeiten. Nett wäre ein Extra-Gruß, vielleicht ein Blumenstrauß.

- Legen Sie den Ablauf der ersten Woche fest und übergeben Sie den Einarbeitungsplan.
- Machen Sie einen Firmenrundgang. Zeigen Sie den Betrieb, die Verwaltung, die Sozialräume, die Kantine.
- Stellen Sie den Neuankömmling den unmittelbaren Kollegen und Vorgesetzten sowie gegebenenfalls dem Betriebsrat vor.
- Denken Sie an die Übergabe von persönlichen Dingen: Betriebsausweis, Stempelkarte, Schlüssel.
- Erklären Sie die wichtigsten firmeninternen Regeln noch einmal im persönlichen Gespräch: Wie sind die Arbeitszeiten? Herrscht Gleitzeit? Wann sind die Pausen? Wie ist die Überstundenregelung? Was ist bei einer Krankmeldung zu beachten?
- Nehmen Sie eine technische Einführung vor und erklären Sie die Telefonanlage, das Fax, den PC samt Zugangsberechtigung, Passwörtern und Datensicherung.

**So verhindern Sie ein frühzeitiges Aufgeben**

Wussten Sie, dass in Deutschland beinahe jeder fünfte Firmenneuling schon in der Probezeit aufgibt? Die hohe Abbruchquote schadet nicht zuletzt dem Arbeitgeber: das teure Bewerbungsverfahren, die zeitraubende Einarbeitung, das für kaum einen Gegenwert gezahlte Gehalt – alles vergebliche Investitionen. Nachdem das Handtuch geworfen ist, beginnt die kostspielige Mitarbeitersuche von vorn. Um eine solche Entwicklung zu verhindern, ist soziale Kompetenz gefragt. Sie als Assistentin oder Sekretärin können eine Menge dazu beitragen, die Kündigungsrate in der Einarbeitungszeit zu senken. Sorgen Sie mit Ihrem persönlichen Einsatz dafür, dass sich neue Mitarbeiterinnen und Mitarbeiter schnell in Ihrem Unternehmen wohlfühlen. Stellen Sie sich dem Neuankömmling als Ansprechpartnerin oder Patin zur Verfügung: Er braucht eine Bezugsperson, an die er sich jederzeit wenden kann, wenn Fragen auftauchen. Führen Sie einmal im Monat ein Feedback-Gespräch: Das ist zwar Sache des Chefs, aber oft hat der keine Zeit. Außerdem schadet es nicht, wenn zwei Personen sich kümmern.

**So helfen Sie jungen Berufseinsteigern**

«Ich setze überhaupt keine Hoffnung mehr in die Zukunft unserses Landes, wenn einmal unsere heutige Jugend die Männer von morgen stellt. Unsere Jugend ist unerträglich, unverantwortlich und entsetzlich anzusehen.» Könnte es sein, dass Sie diese Würdigung schon einmal gehört haben? Von Ihren Eltern oder Großeltern? Es wird Sie vielleicht überraschen - aber die Aussage ist wesentlich älter: Sie stammt vom griechischen Philosophen Aristoteles. Der lebte im 4. Jahrhundert vor Christus. Allerdings zeigt diese Beurteilung, wie wenig sich seitdem in der Einschätzung der jüngeren durch die ältere Generation geändert hat.

Wenn Sie einen jungen Berufseinsteiger wirksam unterstützen möchten, hilft Ihnen folgende Überlegung: Erinnern Sie sich an Ihre früheren Lehrer: Wen fanden Sie gut? Und wen konnten Sie überhaupt nicht leiden? Versuchen Sie die Gründe dafür zu rekapitulieren – und setzen Sie Ihre Erkenntnisse in der Einarbeitungsphase um: Welche Methoden können Sie übernehmen, welche nicht? Wie kooperativ darf, wie autoritär sollte Ihr Stil sein?

Das Wichtigste aber ist, dass Sie der oder dem Neuen Sympathie entgegenbringen: Die Chance, dass diese erwidert wird, ist so am größten.

## Neuer Chef

> *Neue Besen kehren gut. Alte kommen in die Ecken.*
>
> Jamaikanisches Sprichwort

Wenn ein neuer Chef in Ihre Abteilung oder Ihr Unternehmen kommt, wird sich einiges ändern. Hofft er, fürchten Sie. Wie lassen sich beide Erwartungen nur unter einen Hut bringen? Ihnen sollte klar sein, dass auch Sie einen Teil dazu beitragen müssen, damit die Arbeit reibungslos läuft und auch im zwischenmenschlichen Bereich die Harmonie überwiegt.

**Verabschieden Sie sich von Vokabeln wie «immer» und «so»**

Ein neuer Chef wird vermutlich viel Energie mitbringen und diese auch bei der Gestaltung zukünftiger Arbeitsabläufe umsetzen wollen. Andererseits wird er nicht alles ändern, was bislang funktioniert hat. Zeigen Sie sich von vornherein kooperativ, und für beide Seiten ergeben sich Vorteile: Ihr Chef arbeitet sich schneller ein, und Sie haben die Möglichkeit, auch Ihr zukünftiges Umfeld aktiv mitzugestalten. Hier sind vertrauensbildende Maßnahmen, zu denen Sie greifen können:

- Treten Sie der neuen Führungskraft anerkennend gegenüber. Denken Sie daran: In der Arbeitswelt zählt Leistung mehr als Erfahrung, schlagen aktuelle Erfolge mehr zu Buche als Verdienste in der Vergangenheit.
- Alter und Wissen schließen sich nicht aus. Fragen Sie, wenn Sie Hilfe brauchen, und seien Sie bereit, auch von einem Neuling zu lernen.
- Geizen Sie nicht mit Ihrem Wissen, und lassen Sie andere da-

ran teilhaben. Erteilen Sie ohne Oberlehrermiene Rat, wenn Sie gefragt werden. Doch hüten Sie sich davor, Ihren Vorgesetzen mit Hilfsangeboten und gut gemeinten Ratschlägen zu überschütten. Ihr Chef ist ein erwachsener Mensch, und Sie sind nicht seine Erziehungsberechtigte.

- Widersetzen Sie sich nicht, wenn Ihr Chef Ihnen eine Aufgabe überträgt. Auch er versucht nur, seine Arbeit so gut wie möglich zu erledigen.
- Sagen Sie nie: «Das haben wir schon immer so gemacht!» Bleiben Sie Neuem gegenüber aufgeschlossen und flexibel. Vielleicht führt ja ein anderer Weg viel einfacher zum Ziel! Am Ende profitieren auch Sie davon.
- Auch wenn die Zusammenarbeit mit dem neuen Chef nicht auf Anhieb klappt: Lassen Sie solche Schwierigkeiten nie gegenüber Dritten durchschimmern und stehen Sie stets loyal zu Ihrem Vorgesetzten!

**Fordern auch Sie Respekt ein**

Bedenken Sie auch, dass Ihr Chef erst vor kurzem an die neue Stelle mit einer ihm noch unvertrauten Sekretärin gekommen ist. Gehen Sie freundlich und offen auf ihn zu und unterstützen Sie ihn in der kritischen Einarbeitungsphase.

Allerdings müssen Sie nicht hinnehmen, wenn Ihnen zu wenig Respekt entgegengebracht wird. Um sich jedoch die gebührende Wertschätzung zu sichern, dürfen Sie nie gekränkt oder beleidigt reagieren: Denken Sie erst darüber nach, warum die andere Person es Ihnen gegenüber an Achtung fehlen lässt. Bleiben Sie freundlich, ohne sich jedoch Herabsetzungen gefallen zu lassen. So fällt es Ihnen leichter, angemessen zu reagieren – und auch eine Verhaltensänderung zu bewirken. Gehen Sie verletzenden Bemerkungen auf den Grund: Die Frage «Wie meinen Sie das genau?» zwingt Ihr Gegenüber, über seine Äußerung nachzudenken.

Gegenseitiger Respekt – so lautet die Erkenntnis aus fast allen konstruktiven Teamprozessen – ist die Grundlage, auf der ein Gemeinschaftsgefühl erst entstehen kann.

> *Die Basis einer gesunden Ordnung*
> *ist ein großer Papierkorb.*
>
> Kurt Tucholsky, deutscher Schriftsteller

Gerade eben hielten Sie den Zettel, auf dem Sie die Telefonnummer notiert hatten, in der Hand. Jetzt ist er spurlos verschwunden. Sie beginnen zu suchen, und am Ende sind wertvolle Minuten Ihrer Arbeitszeit verronnen. Am besten, Sie investieren diese Zeit, um Ihre Zettelwirtschaft durch eine ökonomischere Aufzeichnungs- und Aufbewahrungsmethode zu ersetzen. Das ist gar nicht so schwer.

**Schluss mit der Zettelwirtschaft!**

Wenn Sie es sich zur Gewohnheit gemacht haben, alles auf lose herumliegenden Zetteln zu notieren, gehen Nachrichten rasch unter. Die Lösung gegen einen solchen Informationsverlust ist der radikale Verzicht auf die Zettelwirtschaft. Verwenden Sie lieber einen Block – oder eine feste Kladde, in der Sie alles und jedes notieren. Am besten, Sie kaufen sich eines dieser Moleskine-Notizbücher mit hartem, schwarzledernem Einband. Die sehen edel aus, passen in jede Tasche und lassen sich angenehm vollschreiben.

**Entrümpeln Sie Ihren Schreibtisch!**

Nachdem Sie Ihre Zettelwirtschaft gegen ein besseres System eingetauscht haben, können Sie nun daran gehen, das Chaos auf Ihrem Schreibtisch vollends zu beseitigen. Sortieren Sie sämtliche Schriftstücke, die durch Ihre Hände gehen, nach fünf Kriterien:

1. Wegwerfen: Was Sie nicht mehr benötigen, wandert in den Papierkorb. Haben Sie Angst, etwas Wertvolles wegzuwerfen? Dann kontrollieren Sie das Behältnis, indem Sie es täglich unmittelbar vor Büroschluss leeren.
2. Erledigen: Was Sie unbedingt selbst bearbeiten müssen – Briefe, Lesestapel, Analysen – wandert ins Fach «Bearbeiten».
3. Weitergeben: Was andere bearbeiten müssen – Ihr Chef, die Kollegen, vielleicht auch Praktikanten oder freie Mitarbeiter – landet in personenbezogenen Weitergabemappen sowie in den dafür vorgesehenen Ausgabefächern.
4. Wiedervorlage: Was Sie nicht heute bearbeiten können oder wollen, kommt ins Wiedervorlagefach. Halten Sie sich einen Erinnerungstermin fest!
5. Ablegen: Was Sie später noch einmal brauchen, platzieren Sie gleich am entsprechenden Ablageort oder in dem Ablagefach, das Sie selbstverständlich regelmäßig leeren.

**So räumen Sie Ihr Büro auf**

Ein recht leerer, aufgeräumter Schreibtisch sorgt doch schon für eine ganz andere Arbeitsatmosphäre. Zumindest werden Sie nicht mehr durch sich türmende Papierberge oder umherfliegende Zettel gebremst. Nutzen Sie den Schwung, den Sie durch Ihre Rationalisierungsmaßnahmen erhalten haben, gleich aus, um Ihr gesamtes Büro auf Vorderfrau zu bringen:

- Räumen Sie alle Gegenstände, die Sie weniger als einmal pro Woche benötigen, von Ihrem Schreibtisch weg. Geben Sie ihnen einen anderen festen Platz.
- Achten Sie darauf, dass die Dinge, die Sie täglich benötigen, einen festen Platz auf Ihrem Schreibtisch haben und im Lauf des Tages auch behalten.
- Führen Sie Ihre Aufgabenliste im PC, am besten per Outlook über die Option «Aufgaben». Dort tragen Sie alle Aufgaben ein, weisen ihnen ein Datum und eine Uhrzeit zu – und akti-

vieren das Kästchen «Erinnerung». So werden Sie gleich beim Programmstart auf alles Fällige und Überfällige hingewiesen.

- Vermeiden Sie, dass ganze Ordner auf Ihrem Schreibtisch deponiert werden. Meist brauchen Sie ja nur ein einziges Blatt! Machen Sie sich davon eine Kopie und stellen Sie den Ordner an seinen Platz zurück.
- Legen Sie aktuell nicht benötigte Unterlagen, Dokumente, Kopien, Magazine in einem logischen, zweckmäßigen, farblich sortierten Ablagesystem ab.

**Kleiner und erweiterter Greifraum**

Nachdem alles seinen Platz in Ihrem Büro gefunden hat, stellt sich noch eine Frage: Was machen Sie mit den Gegenständen, die Sie ständig benötigen? Dinge, die mehrmals am Tag durch Ihre Hände gehen, ordnen Sie nach drei Grundsätzen:

1. Alles, was Sie ständig brauchen, liegt so, dass Sie es erreichen, ohne sich drehen zu müssen. Diesen Bereich nennen Arbeitswissenschaftler den «kleinen Greifraum».
2. Dinge, die Sie nicht ständig brauchen, aber auf Zugriff parat sein müssen, fallen in den «erweiterten Greifraum». Hierzu zählt etwa Ihre Wiedervorlagemappe. Sie sollten sie mit ausgestreckten Oberarmen, aber immer noch ohne Körperdrehung erreichen können.
3. Wenn Sie einen Schreibtisch mit Regalaufsatz an der Frontseite haben, können Sie hier zusätzliche Arbeitshilfen wie Lexika oder die Unterlagen zu laufenden Vorgängen abstellen.

Greifen Sie jetzt immer noch zu der Ausrede, Sie hätten eine solche Ordnung nicht nötig, da Sie sich in Ihrer Unordnung ganz gut zurechtfänden? Das mag für Sie als Einzelperson gelten – nicht aber für Leute, die mit Ihnen zusammenarbeiten: Die müssen eine Unterlage auch dann finden, wenn Sie nicht da sind.

*Ihre Zuhörer schenken Ihnen ihre Zeit.*
*Was schenken Sie ihnen?*

Frage nach dem Nutzen von Präsentationen

Eine Präsentation ist immer auch die Möglichkeit, sich selbst zu präsentieren – vor allem, wenn Ihr Chef anwesend ist. Machen Sie aber bitte nicht den Fehler, Ihr Verhalten dort einzig auf diese eine Person auszurichten. Zuallererst geht es um die Inhalte und die Teilnehmer, die von Ihrem Beitrag profitieren wollen. Hier ist Ihr Chef nur einer unter vielen.

**Mehr als ein 08/15-Auftritt**

Um eine wirklich eindrucksvolle Präsentation zu liefern, reicht es nicht aus, nur die typischen Fehler zu vermeiden:

- keine klare Zielvorstellung,
- nachlässige Vorbereitung,
- schlechtes Bildmaterial,
- schwacher erster Eindruck,
- Schluss ohne Appell,
- mangelnder Enthusiasmus,
- fehlender Blickkontakt,
- ausdruckslose Mimik,
- ungenügende Einbeziehung der Teilnehmer.

Setzen Sie kleine, feine Akzente, um sich entscheidend vom zwar grundsoliden, aber nicht berauschenden Auftritt durchschnittlicher Präsentatoren abzuheben.

**Ihre Präsentation beginnt mit der Vorbereitung**

Rechnen Sie für eine Minute Präsentation eine Stunde Vorbereitungszeit – von der Stoffsammlung über die Aufbereitung der Medien bis zum Schreiben Ihrer Stichwortzettel. Richten Sie die Vorbereitung Ihrer Präsentation an fünf Fragen aus:

1. Was will ich wirklich sagen?
2. Warum will ich über dieses Thema sprechen?
3. Welchen Vorteil haben meine Zuhörer von meiner Idee? Sie müssen ihnen das Gefühl geben, einen persönlichen Gewinn aus Ihrem Auftritt mitzunehmen.
4. Welches eine Detail – welches eine Bild, welcher eine Satz, welches eine Gleichnis; also: welche Botschaft – soll den Teilnehmern auf jeden Fall im Gedächtnis haften bleiben, wenn ich mich wieder auf meinen Platz gesetzt habe? Diese Frage müssen Sie spontan in einem Satz beantworten können – sonst stimmt etwas nicht mit Ihrer Präsentation!
5. Wie unterscheidet sich meine Botschaft von den Tausenden anderen? Stellen Sie den Kontrast heraus, der Ihre Botschaft einzigartig macht.

**Die drei Akte Ihres Auftritts**

Wie bringen Sie Ihre Botschaft, wie bringen Sie das, was Sie sagen wollen, dem Publikum näher? Machen Sie aus Ihrer Präsentation ein Stück in drei Akten:

- Im ersten Akt sagen Sie dem Publikum, worum es Ihnen geht: Was ist Ihr Zweck? Ihr Problem? Ihr Wunsch? Ihr Ziel?
- Im zweiten Akt entwickeln Sie den Inhalt: Was erwartet die Beteiligten? Wie kommen sie ans Ziel? Was haben sie davon? Welche Hindernisse und Konflikte sind im Weg? Welche Entscheidungen müssen getroffen werden?
- Im dritten Akt bringen Sie die Sache zu Ende: Welche Folgen haben diese Entscheidungen? Welche Risiken gilt es abzuwägen? Welche Chancen tun sich auf?

Das Erfolgsgeheimnis fesselnder Präsentationen sind Fragen – Fragen, die das Publikum hat und die Sie beantworten. Zählen Sie daher, während Sie Ihre Rede vorbereiten, die Fragezeichen in Ihrer Rohfassung! Je mehr Publikumsfragen Sie vorwegnehmen, desto lebendiger wird Ihr Auftritt. Sind es zu wenige, dann überarbeiten Sie Ihren Entwurf – diesmal komplett aus der Sicht des Publikums!

**Details, die Ihre Präsentation unvergesslich machen**

Ihre Kernbotschaft muss eingängig sein und in den Gedächtnissen der Teilnehmer haften bleiben. Damit steht und fällt Ihre Präsentation! Hier sind einige handwerkliche Kniffe:

- Botschaft prüfen: Schreiben Sie Ihre Kernbotschaft in einem präzisen, klaren und eindeutigen Satz auf. Sie muss genau das enthalten, was Sie mit Ihrer Präsentation bezwecken. Stecken Sie sich beim Formulieren selbst das Ziel, in maximal 15 Wörtern das auszudrücken, was Sie bezwecken. Denken Sie daran: Nur zehn Prozent des Gesagten und Gezeigten wird vom Publikum gespeichert! Ihre Botschaft sollte dabei sein.
- Magische Zahlen: 1, 3 und 7 – merken Sie sich diese Zahlen für Ihre Folienpräsentation. Transportieren Sie nur eine Idee pro Folie. So bleibt es übersichtlich. Wechseln Sie Ihre Folien nach drei Minuten. So wird's nicht langweilig. Schreiben Sie nicht mehr als sieben Wörter pro Zeile, nicht mehr als sieben Zeilen pro Folie. So behalten die Teilnehmer alles.
- Wirkung zeigen: Objekte sind oft nichtssagend. Beispiel: Sie präsentieren eine Angelschnur. Mit einer naturgetreuen Abbildung wird der Betrachter nicht viel anfangen können. Überlegen Sie: *Das* Qualitätsmerkmal von Angelschnüren ist deren Reißfestigkeit.

  Zeigen Sie ein Bild, das die Wirkung dokumentiert: ein in der Mitte durchgebrochener Holzzaun vor einem See, ein umgestürzter Anglerstuhl, ein verwaister Angelkorb. Suggerierter

Effekt: Die Schnur hält auf Biegen und Brechen, ein stärkeres Produkt gibt es nicht.

Sinnstiftend bei einer Präsentation ist nicht zuletzt – der Schlussappell: Sagen Sie Ihrem Publikum am Ende deutlich, was es Ihrer Meinung nach tun soll!

**Ein Tipp gegen die Nervosität**

Haben Sie Angst, nervös zu sein, wenn Sie vor Publikum präsentieren müssen? Dann lassen Sie Ihre Nervosität zu! Das Schlimmste ist nicht die Angst selbst, sondern die Angst vor der Angst. Was kann Ihnen schon passieren? Dass Sie Ihr Thema nicht beherrschen? Sorry, aber dagegen hilft eine gute Vorbereitung! Um sich zusätzlich zu beruhigen, wirkt folgender Trick:

1. Denken Sie sich einen zündenden Auftaktsatz aus. Lernen Sie ihn auswendig. Schreiben Sie ihn zur Sicherheit auf eine Karteikarte.
2. Überlegen Sie sich einen wirkungsvollen Schlussappell. Lernen Sie ihn ebenfalls auswendig. Und schreiben Sie ihn zur Sicherheit wieder auf eine Karteikarte.

Die Entertainerin Caterina Valente meinte zu diesem Thema: «Lampenfieber ist einfach ein Teil des künstlerischen Erlebnisses. Man sollte es sich nicht abgewöhnen.»

> *Die Klasse von Leuten erkennt man daran, dass sie Kleinigkeiten als Kleinigkeiten und wichtige Dinge als wichtige Dinge behandeln.*
>
> Doris Lessing, britische Schriftstellerin

Wenn die Zeit knapp ist, nützt es wenig, panisch zu reagieren und zu versuchen, alles auf einmal zu machen. Ebenso kontraproduktiv ist die Taktik, von allem ein bisschen zu erledigen. Hier hilft nur eine Strategie: klare Prioritäten festlegen. Was ist dringend, was wichtig, was muss sofort erledigt werden, was dürfen Sie auf keinen Fall vergessen? Bei der Prioritätensetzung sorgen drei Methoden – die sich miteinander in Einklang bringen lassen – für reibungslosen Ablauf und konsequente Erledigung:

**Die ABC-Analyse**

Mit der ABC-Analyse trennen Sie Wesentliches von Unwesentlichem. Unterscheiden Sie anliegende Aufgaben nach verschiedenen Kategorien – und werden Sie dann aktiv:

- Aufgaben mit Priorität A sind sehr wichtig, müssen sofort erledigt werden und können nicht an andere delegiert werden.
- Aufgaben mit Priorität B sind wichtig, müssen zu einem bestimmten Termin fertiggestellt werden und können an andere delegiert werden.
- Aufgaben mit Priorität C sind weniger wichtig, können bei Gelegenheit erledigt und an andere abgegeben werden.

Sortieren Sie alle Aufträge, die auf Sie warten – nach Prioritäten geordnet –, in farbige Hüllen oder Ablagekästchen ein. Beispiel: Rot für Priorität A, Grün für Priorität B, Blau für Priorität C. Dazu noch ein Tipp: Unterscheiden Sie zwischen Wichtigkeit und Dringlichkeit! Auch wenn alles drängt, gilt die Maxime: Wichtigkeit geht vor Dringlichkeit!

### Die ALPEN-Methode

Ihre Aufgaben planen Sie sinnvoll mit der ALPEN-Methode. Jeder der fünf Buchstaben stehen für einen Arbeitsschritt:

- A = Alle Aufgaben auflisten: Notieren Sie alles, was Sie am Tag zu erledigen haben, inklusive Nebentätigkeiten wie telefonieren und Post bearbeiten.
- L = Länge der Aufgaben schätzen: Wie lange brauchen Sie für die Erledigung jedes Arbeitsgangs? Kalkulieren Sie nicht zu knapp! Sie werden sich wundern, wie lange Sie sich mit Kleinigkeiten aufhalten.
- P = Puffer einbauen: Verplanen Sie nicht Ihre ganze Zeit. Denken Sie daran: Irgendetwas wird sicher nicht so klappen, wie Sie es wünschen. Planen Sie diese Störungen bei der Zeitkalkulation ein.
- E = Entscheidungen treffen: Legen Sie fest, was wichtig und was weniger wichtig ist, was sofort erledigt werden muss und was warten kann.
- N = Nachkontrolle: Prüfen Sie abends, was Sie tatsächlich erledigt haben. Alles, wozu Sie nicht gekommen sind, gehört in den nächsten Tagesplan.

### Das Pareto-Prinzip

Nach der Lehre des italienischen Soziologen Vilfredo Pareto erreichen wir in 20 Prozent der Zeit mit konzentrierter Arbeit 80 Prozent der Ergebnisse. Das bedeutet leider auch: Für die restlichen 20 Prozent müssen wir 80 Prozent unserer Zeit und Energie aufwenden! Nutzen Sie Ihre produktiven Zeiten, um genau dann effizient zu arbeiten. Richten Sie sich Freiräume ein, in denen Sie nur wichtige Dinge erledigen. Am besten eignen sich die Stunden, in denen es die wenigsten Störungen von außen gibt. Stellen Sie Ihr Telefon auf eine Kollegin um und ziehen Sie sich in einen Raum zurück. So erledigen Sie Ihre wichtigsten Aufgaben mit der bestmöglichen Konzentration! Machen Sie die oben erläuterte ABC-Analyse – teilen Sie also Ihre Arbeit in A-, B- und C-Aufgaben ein – und setzen Sie für die Erledigung einen Zeitrahmen:

- Die sehr wichtigen A-Aufgaben verlangen Ihre volle Konzentration. Sie können sie nicht delegieren. Reservieren Sie 65 Prozent Ihrer täglichen Arbeitszeit dafür.
- Bei den B-Aufgaben reichen 20 Prozent der Ihnen zur Verfügung stehenden Zeit. Den Rest der Aufgaben delegieren Sie.
- C-Aufgaben verschlingen den Großteil Ihrer Zeit. Lassen Sie sich nicht irritieren und verwenden nur 15 Prozent auf diese! Delegieren Sie den Rest oder lassen ihn, falls es zeitlich überhaupt nicht passt, unerledigt.

**Ihr Plan für Notfälle: die 3x1-Regel**

Sollte in Ihrem Büro bereits das Chaos ausgebrochen sein – und Ihnen keine Möglichkeit zu systematischem Abarbeiten bleiben –, müssen Sie die Notbremse ziehen. Für einen solchen Fall gibt es die 3x1-Regel:

- nur eine Minute pro Gespräch telefonieren,
- nur eine Seite pro Brief schreiben,
- nur eine Stunde pro Besprechung investieren.

Wohlgemerkt, es handelt sich um einen Notfallplan. Lassen Sie solche Situationen möglichst erst gar nicht entstehen – indem Sie rechtzeitig planen und Prioritäten setzen.

> *Misserfolg ist die Chance, es beim nächsten Mal besser zu machen.*
>
> Henry Ford, US-Automobilfabrikant

Management ist nichts weiter als die Kunst, drei Leute dazu zu bringen, die Arbeit von drei Leuten zu tun, meinte der amerikanische Werbefachmann William Feather. Sein Landsmann Cyril Northcote Parkinson definierte Management so: «Bedingungen schaffen, die der Mannschaft das Arbeiten erleichtern.» Und der französische Politiker Jean-Jacques Servan-Schreiber sah die eigentliche Rolle des Managements im intelligenten Reagieren auf Veränderungen. Wenn Sie als Assistentin Ihr Projektmanagement nach diesen Vorgaben ausrichten, werden Sie erfolgreich sein.

**Die ersten Schritte**

Arbeitsschritte überwachen, Informationen sammeln und an alle Beteiligten weitergeben – das sind die wichtigsten Aufgaben beim Projektmanagement. Am besten, Sie tasten sich mit diesen Schritten heran:

1. Zielformulierung mit Inhalt: Was soll erreicht werden? Mit welchen personellen, logistischen, finanziellen Mitteln soll das Ziel erreicht werden? Bis wann soll das Ziel erreicht sein? Denken Sie auch daran, überprüfbare Zwischenziele zu setzen!
2. Teameinteilung: Klären Sie bei der ersten Sitzung: Wer ist Projektleiter? Wer sind die Teammitglieder? Welche internen Experten müssen hinzugezogen werden? Werden auch externe

Fachleute benötigt? Wie werden die Kompetenzen geregelt? Wer ist wofür verantwortlich?

3. Projektorganisation: Wie wird die Zusammenarbeit geregelt? Trifft man sich regelmäßig? Tauscht man sich per E-Mail aus? Wie stimmen sich die Beteiligten über die Arbeitsergebnisse ab? Wer erstellt Protokolle? Wer die Statusberichte an den Projektleiter? Welche finanzielle und zeitliche Bedeutung hat das Projekt im Verhältnis zum sonstigen Tagesgeschäft? Können Erkenntnisse von anderen im Unternehmen bereits abgeschlossenen Projekten verwendet werden?

Jetzt können Sie einen Strukturplan erarbeiten, in dem Sie alle Einzelschritte zur Erreichung Ihrer Ziele und Zwischenziele planen und anschließend festlegen.

**Strukturplan mit Zielüberprüfung und Kostenkontrolle**
Ihr Strukturplan beinhaltet neben der Vorbereitung, Zeitein- und Aufgabenverteilung auch eine fortlaufende Überprüfung der Ziele und Kontrolle der Kosten. Neun Punkte sollten Sie hier beachten:

1. Listen Sie alle Kostenarten auf: Personal, Fremdleistungen, Material, Investitionen, Hilfsmittel. Machen Sie regelmäßig Soll/Ist-Abgleiche.
2. Steht das Projektziel – einschließlich aller Teilziele – allen Beteiligten vor Augen? Wo bedarf es Korrekturen? Wer von den Beteiligten muss zusätzlich motiviert werden?
3. Sind die Zuständigkeiten klar zugeordnet? Kennt jeder Beteiligte den Rahmen seiner Verantwortung?
4. Wurden Arbeitspakete und Teilaufgaben definiert und allen Beteiligten bekanntgemacht? Kommen sie im Statusbericht zur Geltung?
5. Tagen die Teams regelmäßig? Stimmt der Informationsfluss?
6. Geht aus den Sitzungsprotokollen hervor, wer was bis wann zu tun hat?

7. Erfolgt eine regelmäßige, häufige Überprüfung der Arbeitsergebnisse? Kommt es auch zu Qualitätskontrollen? Und werden deren Ergebnisse an alle Beteiligten weitergeleitet?
8. Werden die Terminlisten regelmäßig aktualisiert?
9. Funktioniert der Informationsfluss, das heißt: Bekommen die richtigen Leute die richtigen Informationen?

**So dokumentieren Sie Ihr Projekt**

Am Ende des Projektmanagements steht die Projektdokumentation. Was den Ablauf angeht, müssen Sie auf diese Punkte eingehen:

- Wer war verantwortlich?
- Wie war die Aufgabenstellung?
- Welche Ergebnisse wurden erarbeitet?
- Welches Budget wurde verwendet?
- Wie waren die Randbedingungen?
- Welche Termine und Meilensteine gab es?

**Vergessen Sie nicht den Abschlussbericht**

Schließlich folgt Ihr Abschlussbericht. Dieser sollte folgende Fragen beantworten:

- Wer hat das Projekt geleitet?
- Wie war die Zielvereinbarung?
- Wie wurde das Projekt organisiert?
- Welche Leistungen wurden erbracht?
- Welche Ergebnisse wurden erzielt?
- Welche Probleme sind aufgetreten? Wie wurden sie gelöst?
- Wie hoch sind die Projektkosten?

Durch die Dokumentation schaffen Sie eine Grundlage für weitere Projekte: Die Erfahrungen und Erkenntnisse können bei ähnlichen Vorhaben genutzt werden. Gleichzeitig halten Sie Abweichungen hinsichtlich der Termin- und Kostenplanung fest und können diese später rechtfertigen.

> *Auch eine Reise von tausend Meilen beginnt mit dem ersten Schritt.*
>
> Laotse, chinesischer Philosoph

Zum Reisen gehört Geduld, Mut, Humor – und dass man sich durch kleine widrige Zufälle nicht niederschlagen lasse. So lautet eine der Lebensregeln, die uns Adolph Freiherr Knigge hinterlassen hat. Hätte er damals bereits über einen Internet-Anschluss verfügt, wäre vermutlich noch ein Hinweis hinzugekommen: Vor dem Reisen konsultiere man das weltweite Netz, das einige treffliche Adressen zwecks besserer Vorbereitung parat hält.

**Adressen für Ihre Reisevorbereitung**

Bevor Sie, Ihr Chef oder Ihre Mitarbeiter auf Reisen gehen, lohnt sich ein Besuch folgender Internetseiten:

- *www.auswaertiges-amt.de:* Hier erfahren Sie alles über benötigte Visa, Adressen aller Vertretungen im Ausland, aktuelle Reisewarnungen und detaillierte Länderinformationen.
- *www.lexas.de/laender/index.htm:* Die Seite hält Informationen über Länder mit Botschaftsadressen, Klimatabellen und viele weitere Daten bereit.
- *www.crm.de:* Das Centrum für Reisemedizin informiert über Reisekrankheiten, gibt Prophylaxe- und Behandlungstipps und liefert eine Übersicht reisemedizinisch geschulter deutscher Ärzte und Apotheken.
- *www.theweathernetwork.com:* Die weltweite Wettervorhersage für die nächste Geschäftsreise hilft bei der Entscheidung, welche Kleidung in den Koffer gehört.

- *www.oanda.com:* Auf dieser Seite erhalten Sie für 164 Währungen täglich den aktuellen Umrechnungskurs.
- *www.national-holidays.com:* Hier sind für jedes Land der Welt sämtliche Tage aufgelistet, an denen nicht oder nur eingeschränkt gearbeitet wird: neben religiösen und staatlichen Gedenktagen auch spezielle Feiertage wie die englischen *Bank Holidays* oder das amerikanische *Thanksgiving* inklusive freiem Tag danach.
- *www.hrs.de:* Diese Website hilft Ihnen bei der Hotelsuche – mit Adressen, die häufig Rabatte für Online-Kunden anbieten. Weitere Adressen: *www.ehotel.de*, *www.hotelstandby.de*, *www.opodo.de*, *www.hotel24.de*.
- *www.travel-overland.de*, *www.flug.de:* Hier können Sie bei vielen Airlines online buchen, auch Last-Minute-Reisen und Kombi-Angebote für Mietwagen und Hotels.
- *www.varta-guide.de:* Dieser Restaurantführer hat eigene Bewertungskriterien und eine Umkreiskarte zur besseren Orientierung. Alternativen: *www.gaultmillau.de*, *www.viamichelin.de*.
- *www.falk.de:* Innerhalb von Sekunden wird Ihnen die richtige Reiseroute erstellt. Auch Stadtpläne und ein Europa-Atlas sind im Angebot.
- Noch ein Tipp: Viele Städte haben eigene Internetseiten, um sich zu präsentieren. Versuchen Sie doch einfach, den Stadtnamen als Webadresse einzugeben, wenn Sie darüber Informationen benötigen: *www.bregenz.at*, *www.konstanz.de* oder *www.sankt-gallen.ch*.

**Brauchen Sie rasch ein Visum?**

Stellen Sie sich vor, Ihr Chef oder Vorgesetzter muss übermorgen nach Russland, Kasachstan oder nach Usbekistan fliegen, hat aber noch kein Visum! Für diesen Zweck gibt es spezielle Agenturen, die bundesweit arbeiten und Ihnen notfalls in 24 Stunden jedes benötigte Einreisedokument besorgen. Der Service kostet Sie rund

70 Euro. Billiger wird es, wenn Sie eine Woche im Voraus anrufen. Dann müssen Sie nur knapp die Hälfte zahlen. Hier sind die Internet-Adressen der wichtigsten Anbieter:

- Visa-Express-Service: *www.visa-express.de*
- Visa Dienst: *www.visum.de*
- Visum Centrale: *www.visum-centrale.de*

**PC-Panne unterwegs**

Was tun Sie, wenn Ihr Chef mit seinem Laptop auf einer Messe ist – und das Gerät komplett ausfällt? Vermutlich wird er in einem solchen Fall als Erstes Ihre Nummer wählen. Sie können sich an einen dieser PC-Notdienste in Deutschlands größten Messestädten wenden:

- *www.Top-Development.de* in München kommt sofort an den Messestand. Telefon: 0190 867229.
- *www.PC-Feuerwehr.de* in Berlin und Hamburg überspielt die Daten auf ein Leihgerät. Telefon: 0800 2112112.
- *www.It-Service-Trepke.de* in Frankfurt am Main bietet einen Sofortservice innerhalb von 5 Stunden – rund um die Uhr. Telefon 06187 994583.

**Bevor Ihr Chef auf Dienstreise geht**

Rechtzeitig vor der Abreise Ihres Chefs sollten Sie mit ihm die wichtigsten Fragen bezüglich seiner Abwesenheit klären:

- Gibt es eine Vertretung, die in der Zeit seine Aufgaben wahrnimmt?
- Was geschieht mit der an ihn adressierten Post? Dürfen Sie Einschreiben und persönliche oder vertrauliche Briefe öffnen?
- Dürfen Sie Standardbriefe mit «i. A.» unterschreiben?
- Prüfen Sie den E-Mail-Eingang des Chefs?
- An wen dürfen Sie die Handynummer Ihres Chefs herausgeben?
- Wie behandeln Sie telefonische Anfragen?

- An wen dürfen Sie welche Entscheidungen delegieren?
- Werden wichtige Zahlungen fällig?
- Sind in der Zeit der Abwesenheit Termine einzuhalten oder abzusagen? Gehen Sie mit dem Chef die Wiedervorlage durch.

Damit Sie den Überblick behalten, sollten nur Sie Termine machen. Vereinbart Ihr Chef zusätzliche, trägt er sie in den gemeinsamen Outlook-Kalender ein – oder gibt Ihnen rasch via Telefon beziehungsweise E-Mail Bescheid.

**Bevor Ihr Chef das Büro verlässt**

Unmittelbar vor der Abreise sollten Sie sichergehen, dass Ihr Chef wirklich nichts vergessen hat. Überprüfen Sie dazu

- den Reiseplan mit Flug- oder Bahn-Ticketnummern;
- die Adressen und Rufnummern von Hotels, Kunden und Gesprächsteilnehmern;
- die Flug- respektive Bahntickets mit Platzreservierungen;
- die Reservierungsbestätigungen von Hotels und Mietwagen;
- die Gültigkeit von Reisepass, Visum, Impfbescheinigung, internationalem Führerschein;
- alle Wegbeschreibungen sowie Stadt- und Straßenpläne;
- sämtliche für Gespräche, Vorträge, Präsentationen benötigten geschäftlichen Unterlagen wie Laptop, Disketten, Firmenprospekte, Präsentationsmappen.

Nichts vergessen? Dann erinnern Sie Ihren Chef noch daran, Devisen, Kreditkarte, Visitenkarten, einen Block, Stifte, Umschläge, ein Diktiergerät mit Ersatzkassette und Ersatzbatterie einzupacken. Wenn er nach Russland, Kasachstan oder Usbekistan fliegt, kann auch ein Wörterbuch nicht schaden.

> *Ich habe einen Kurs im Schnelllesen mitgemacht*
> *und bin nun in der Lage, «Krieg und Frieden»*
> *in zwanzig Minuten durchzulesen.*
> *Es handelt von Russland.*
>
> Woody Allen, amerikanischer Regisseur

Lesen ist ein zeitraubender Faktor. Bevor sich die Fachbücher und Zeitschriften auf Ihrem Schreibtisch stapeln, sollten Sie gut überlegen, welche Lektüre Ihnen in Ihrem Aufgabenbereich nützt. Indem Sie sich von der Umlaufliste mancher Periodika streichen lassen, gewinnen Sie am meisten Zeit. Soviel zum taktischen Vorgehen. Das zweitgrößte Einsparpotenzial birgt das schnelle Lesen der Lektüre. Hier hilft Ihnen eine clevere Technik weiter:

**Ein Buch in zehn Minuten lesen**

In Ihrem Beruf bleibt Ihnen kaum Zeit, ein Fachbuch ausführlich zu studieren. Das brauchen Sie auch nicht. Zehn Minuten reichen völlig aus, sagt Effizienz-Guru Tony Buzan. Er ist der Begründer der Mind-Mapping-Methode:

- Bevor Sie ein Buch in die Hand nehmen, fragen Sie sich, was Sie durch die Lektüre erreichen wollen.
- Schauen Sie ins Inhaltsverzeichnis: Eignen sich die Themen für Ihr Vorhaben?
- Überfliegen Sie das Buch und begutachten es mit dem «Hubschrauberblick»:

  1. Schritt: Blättern Sie das Buch von vorn bis hinten durch.

  2. Schritt: Werfen Sie einen kurzen Blick auf jede Seite.

3. Schritt: Achten Sie auf Kapitelüberschriften, Zwischentitel, Grafiken.
4. Suchen Sie nach Schlüsselwörtern, die mit Ihrem Zweck zusammenhängen.
5. Schritt: Markieren Sie die wichtigsten Passagen mit Klebezetteln. Setzen Sie Prioritäten: Welche Kapitel müssen Sie unbedingt lesen? Notieren Sie die Seiten, die Sie später vertiefen wollen.

Bei einer Fachpublikation oder einer Zeitschrift, die Sie rasch auswerten wollen, können Sie in ähnlicher Weise verfahren.

**Ein Buch in einer Minute wiedergeben**

Weitere Zeit sparen Sie, wenn Sie jemandem von dem Gelesenen erzählen – in möglichst knappen Worten. Ein Buch können Sie in maximal 25 Wörtern wiedergeben. Das glauben Sie nicht? Hier ist der Beweis:

- «Werther, der romantische Taugenichts, ist unsterblich in Lotte verliebt. Lotte ist geschmeichelt, bevorzugt aber den bodenständigen Verwaltungsangestellten Albert. Ein Absturz in Briefen.» Das war, kurzgefasst, Johann Wolfgang von Goethes berühmter Roman um einen unglücklichen Selbstmörder.
- Sven Regeners Erstling lautet in der Kurzversion: «Herr Lehmann zapft und trinkt Bier in Berlin. Er hasst Frühstücker. Und das alles vor der Wende.»
- Einen veritablen Schinken hat Daniel Defoe verfasst. Doch auch *Robinson Crusoe* lässt sich verkürzt wiedergeben: «Es ist schon verdammt hart, zweitgeborener Sohn zu sein. Oder auf einer einsamen Insel festzusitzen, alle möglichen Dinge zu bauen und einem Eingeborenen Englisch beizubringen.»

Zum Schluss noch ein moderner Klassiker, *Die unerträgliche Leichtigkeit des Seins* von Milan Kundera: «Schwermütige Menschen begegnen leichtherzigen. Am Ende überlebt nicht einmal der Hund.»

> *Entscheidend ist, was beim Empfänger ankommt.*
>
> Oberstes Gesetz der Kommunikation

Viele von uns, die mit einem Geschäftsbrief etwas erreichen wollen, versuchen dies mit gestelzten Formulierungen. Sie erreichen – nichts. Eine einfache Sprache dagegen erleichtert nicht nur das Textverständnis. Sie erhöht auch die Wertschätzung des Autors durch den Leser. Das haben Psychologen der Princeton University in New Jersey herausgefunden. Die US-Wissenschaftler legten ihren Testpersonen einfache und ambitionierte Text vor. Das Urteil der Probanden über die Intelligenz des Autors fiel bei den einfacheren Fassungen deutlich besser aus.

**Kurz und präzise formulieren**

Das wusste Eric Arthur Blair, Jahrgang 1903, lange vorher. Der unter dem Pseudonym George Orwell berühmt gewordene Schriftsteller beherrschte auch die Kunst, Geschäftsbriefe zu schreiben. Er veröffentlichte sogar Empfehlungen, wie man kurz und präzise formuliert:

1. Benutzen Sie nie ein langes Wort, wenn Sie an gleicher Stelle die Möglichkeit haben, ein kurzes einzusetzen.
2. Wo immer Sie ein Wort einsparen können, sparen Sie es ein.
3. Schreiben Sie nie im Passiv, wenn Sie auch die aktive Form verwenden können.
4. Greifen Sie nie zu einem Fremdwort oder einem wissenschaftlichen Fachbegriff, wenn Sie ihn durch ein Wort aus der Alltagssprache ersetzen können.

5. Keine Regel ohne Ausnahme: Bevor Sie etwas Unmögliches formulieren, brechen Sie eines dieser Prinzipien!

**Nach zwei Sekunden fällt eine erste Entscheidung**

Im beruflichen Alltag findet der erste Kontakt selten von Angesicht zu Angesicht statt, sondern übers Telefon beziehungsweise schriftlich via Brief, Fax oder E-Mail. Auch hier sollten Sie einen positiven Eindruck gleich zu Beginn hinterlassen, denn er prägt die weitere Beziehung zu Ihrem Adressaten – und auf jeden Fall die nächste Begegnung! Bei der schriftlichen Kontaktaufnahme haben Sie etwas mehr Zeit als bei der mündlichen für den ersten Eindruck – allerdings nur dann, wenn Ihr Brief formal korrekt ist und vom Inhalt her Wirkung beim Adressaten hinterlässt.

Der Direktmarketing-Spezialist Siegfried Vögele hat mit einer Spezialkamera den Blickverlauf des menschlichen Auges untersucht. Er stellte fest, dass die Testpersonen beim ersten Überblicken eines Geschäftsbriefbogens mit Text durchschnittlich zehn Punkte für jeweils Sekundenbruchteile fixierten. Ausgangspunkt ist der Briefkopf. Dann folgen Name und Anschrift, Betreff, Briefanfang, Beginn und Ende von Absätzen sowie hervorgehobene Informationen. Am Schluss gleitet der Blick zur Unterschrift und wieder hinauf zum Textanfang. Das ganze dauert zwei Sekunden! In diesen zwei Sekunden entscheidet der Adressat, ob – und wie konzentriert – er weiterlesen wird.

**Der Briefbeginn entscheidet über den Erfolg**

Drei Faktoren bestimmen, ob Ihr Brief gelesen wird oder im Papierkorb landet:

1. Adresse und Anrede: Der Name muss – selbstverständlich korrekt geschrieben – im Adressfeld erscheinen. Finden Sie unbedingt heraus, wer ihren Brief erhalten soll. Ein unsicheres «Sehr geehrte Damen und Herren» lässt Ihr Schreiben wenig persönlich und Sie als Absender wenig kompetent erscheinen.

2. Betreff: Ihr Brief soll das Interesse des Empfängers wecken oder steigern. Kann dieser bereits im Betreff erkennen, dass Ihr Schreiben Wichtiges enthält, wird er den Brief weiterlesen.
3. Anfangssatz: Beginnen Sie immer mit einer positiven Formulierung. Ihr privater Brief sollte Freude bereiten; in einem geschäftlichen Schreiben sollte der Leser auf Anhieb erkennen, welche Vorteile – ein einzigartiges Produkt, einen ungewöhnlichen Rabatt, einen tollen Preis – Sie ihm anbieten.

**Zuerst den Namen der Firma – oder den des Empfängers?**

Briefe, in deren Anschrift der Name des Empfängers zuerst genannt wird, sind persönlich und dürfen nicht von anderen geöffnet werden: Das ist ein weit verbreiteter Irrglaube in vielen Büros. Was können Sie als Absender tun?

- Wenn der Inhalt des Schreibens nicht vertraulich ist und der Brief keine brisanten Informationen enthält, nennen Sie zuerst den Firmennamen.
- Bei Geschäftsführern, Vorständen und anderen Personen in ähnlich hoher Position empfiehlt es sich, den Namen des Empfängers aus Höflichkeitsgründen zuerst zu nennen.
- Möchten Sie sichergehen, dass Ihr Brief in jedem Fall geöffnet wird, nennen Sie den Firmennamen zuerst.

Wenn Sie also eine Rechnung versenden und den Namen des Empfängers vor dem Unternehmensnamen nennen, kann es Ihnen – siehe Irrglauben – passieren, dass die Firma die Rechnung wieder zurückschickt. Nennen Sie daher bei Rechnungen immer zuerst den Firmennamen, dann erst den Namen des Empfängers.

**Ihre Betreffzeile muss Interesse wecken**

Der Anfang ist die Hälfte des Ganzen, wusste bereits der griechische Philosoph Platon. Bei Ihrem Brief verhält es sich ähnlich: Ist die Betreffzeile aussagestark und kreativ, wird sich der Leser auch für den restlichen Inhalt Ihres Schreibens interessieren. An diesem Punkt trifft Ihr Empfänger die erste, für Sie wesentliche Entscheidung: Papierkorb – oder doch lieber erst mal lesen? Daher müssen Sie die Aussage Ihres Briefes in der Betreffzeile auf den Punkt bringen. Nutzen Sie die Betreffzeile als Schlagzeile: Filtern Sie Ihr Anliegen, das Hauptziel Ihres Schreibens, heraus und machen es zum Schlüsselwort – das den Leser auf die Kernaussage aufmerksam macht.

Eine Alternative zur herkömmlichen Trennung von Betreffzeile, Anrede und Beginn des Textes ist ein nahtloser Übergang. Das bringt Bewegung in Ihr Schreiben und sorgt dafür, dass die Aufmerksamkeit Ihres Lesers nicht nachlässt. Vergleichen Sie die Anrede mit einer Gesprächssituation, in der Sie zu Ihrem Gegenüber erstmals Blickkontakt aufnehmen. Ein Beispiel: «Ihre Lieferfristen, Herr Schmidt, bereiten uns ganz schön Kopfzerbrechen.» Oder: «Ihre Bewerbung, Frau Lang, hat uns beeindruckt.»

> *Wenn jemand etwas gleich beim ersten Mal richtig macht, erkennt niemand anderer, wie schwierig die Aufgabe war.*
>
> Berufstypisches Wahrnehmungsproblem

Falsche Bescheidenheit wirkt sich im Berufsleben fast immer negativ aus. Dr. Monika Sieverding vom Berliner Institut für Arbeits-, Organisations- und Gesundheitspsychologie hat dies ausführlich untersucht – und dabei gravierende Unterschiede zwischen den Geschlechtern festgestellt.

Männer schneiden in Bewerbungsgesprächen grundsätzlich besser als Frauen ab. Das liegt nicht an der fachlichen Qualifikation, sondern allein an der zur Schau gestellten Selbstsicherheit. Gerade Frauen empfinden es als unwürdig, sich selbst anzupreisen und zu «verkaufen». Sie neigen dazu, ihre Fähigkeiten zu unterschätzen. Bei Männern ist es meist umgekehrt. Frauen dagegen stellen sich nicht gern in den Vordergrund, sehen sich kritischer und legen an sich selbst eine sehr viel höhere Messlatte an als Männer. Das macht sie sympathischer, aber leider auch weniger erfolgreich.

Achten Sie darauf, dass Sie Ihre Leistungen nicht nur erbringen, sondern auch gegenüber Ihren Vorgesetzten und Ihrem Chef hervorheben.

**Arbeiten Sie an sich selbst. Und an Ihrem Image**

Selbst-PR bedeutet nicht, dass Sie auf die Pauke hauen, sich in den Vordergrund stellen und Ihr Ego, Ihre Fähigkeiten und Ihre Leistungen in den schillerndsten Farben malen. Nein, es geht darum, Ihre Interessen wahrzunehmen, Ihre Vorzüge anderen ins Gedächtnis zu rufen, sich über Ihre eigenen Ziele klar zu werden – und diese zu verwirklichen.

**Erster Schritt: Bauen Sie Selbstvertrauen auf**

Vor der Anerkennung und dem Respekt, den Ihnen andere zollen, steht der Respekt vor der eigenen Person. Dieser Weg führt nur über den Aufbau von Selbstbewusstsein. Auch wenn sich dieses recht langsam entwickelt: Sie können den Prozess, die Achtung vor der eigenen Person zu steigern, aktiv steuern. Versuchen Sie es mit folgenden Methoden:

- Legen Sie ein Erfolgs-Tagebuch an. Jede Nacht, bevor Sie zu Bett gehen, schreiben Sie darin drei Dinge auf, die Sie erfolgreich erledigt haben – seien es noch so (scheinbar) unbedeutende Kleinigkeiten! Führen Sie dieses Tagebuch über mindestens einen Monat. Tragen Sie es stets mit sich herum und schlagen Sie immer mal wieder darin nach.
- Sammeln Sie Zettel und Briefe, mit denen Freunde, Bekannte, Kolleginnen oder Vorgesetzte sich bei Ihnen bedankt haben. Legen Sie diese in einen extra Ordner. Auch Fotos und Urkunden – oder sonstige Erinnerungen an Ihre Leistungen – können Sie darin aufbewahren. Schauen Sie von Zeit zu Zeit hinein!
- Fertigen Sie eine «Positiv-Liste» an. Darin tragen Sie alle Aufgaben ein, die Sie – ob beruflich oder privat, an Ihrem Arbeitsplatz oder in der Familie – trotz größerer Schwierigkeiten und schwer zu überwindenden Hindernissen bewältigt haben. Beim Studieren dieser Liste erkennen Sie, wie Ihre Persönlichkeit in den letzten Wochen und Monaten gewachsen ist.

**Zweiter Schritt: Kommunizieren Sie Ihre Leistungen**

Ihr Chef sagt zu Ihnen: «Ich würde mich gerne mit Ihnen über Ihre Arbeit im letzten Jahr unterhalten. Zuerst bitte ich um Ihre Meinung.» Sie haben zwei Möglichkeiten, zu antworten:

Die defensive Variante wäre: «Tja, also, es gab mit Sicherheit einige Dinge, die nicht optimal gelaufen sind. Ich weiß, dass mit dem Projekt nicht alles geklappt hat. Es war ja auch das erste Mal, da ist man noch unsicher. Ich habe auch das Gefühl, dass ich lernen müsste, mich noch besser durchzusetzen.»

Das können Sie auch positiv ausdrücken: «Es war ein abwechslungsreiches, aber auch sehr anstrengendes Jahr. Mir hat die ganze Arbeit sehr viel Spaß gemacht. Sie wissen ja: Leerlauf finde ich nicht gut. Ich muss immer etwas zu tun haben. Es gab einige Herausforderungen für mich. Sie haben mir zum ersten Mal ein eigenes Projekt anvertraut, das mich sehr gefordert hat. Dass ich es dann rechtzeitig beenden konnte, hat mich sehr gefreut. Ich würde gern mehr solche Projekte übernehmen. Ich habe aus meinen Anfangsfehlern gelernt, sodass ich für das nächste Mal bestens gewappnet bin.»

Oft geht es an Ihren Vorgesetzten komplett vorbei, wenn Sie wieder mal das Unmögliche möglich gemacht haben. Weisen Sie daher ausdrücklich noch mal auf Ihre Extra-Leistung hin – auch wenn es Ihnen grundsätzlich schwerfällt, sich selbst zu loben:

- Erwähnen Sie erfolgreiche Verbesserungsvorschläge, die von Ihnen stammen.
- Scheuen Sie sich nicht – etwa wenn Sie wieder einmal in letzter Sekunde eine Information beschaffen mussten – zu sagen: «Das war schon sehr stressig. Wenn ich nicht so gute Kontakte aufgebaut hätte, wäre das nicht mehr möglich gewesen.»
- Erzählen Sie, wenn es Ihnen gelang, einen aufgebrachten Kunden zu beruhigen und ihn weiter an Ihre Firma zu binden.
- Melden Sie sich freiwillig bei der Einführung neuer Mitarbeiter. Diese sehen, was Sie leisten, und stecken es Ihren Vorgesetzten.
- Profilieren Sie sich in Meetings und Besprechungen. Wenn Sie eine gute Idee haben, behalten Sie diese nicht für sich. Sonst äußert sie jemand anderes aus der Runde.

- Loben Sie gelegentlich auch Ihre Kollegen. Die werden es Ihnen danken und sich gerne einmal revanchieren.

**Dritter Schritt: Lassen Sie andere positiv über Ihre Person sprechen**

«Rede über das, was du tust» ist das erste Gebot erfolgreicher Selbst-PR. Das zweite lautet: «Lasse über das reden, was du tust.» Das Problem ist nur, wie Sie andere Menschen dazu bewegen, ein gutes Wort für Sie einzulegen. Schüchternheit muss dabei nicht unbedingt ein Nachteil sein. Ihnen stehen verschiedene Möglichkeiten offen:

1. **Understatement pflegen:** Ziehen Sie nach britischem Vorbild das Piano dem Fortissimo vor. Untertreiben bedeutet nicht, sein Licht unter den Scheffel zu stellen. Die meisten Briten finden aber, dass sie es nicht nötig haben, sich in den Vordergrund zu spielen. Verfahren Sie in gleicher Weise. Mit einer solchen Einstellung beweisen Sie echtes Selbstbewusstsein – und gewinnen viele Herzen. Seien Sie sicher: Sympathien Ihnen gegenüber machen sich irgendwann bezahlt.
2. **Komplimente weitergeben:** Wenn Sie gelobt werden, überlegen Sie kurz, wer außer Ihnen ebenfalls eine verbale Aufmerksamkeit verdient hätte. Die Lobweitergabe lässt gleich mehrere Gewinner zurück: Sie dürfen sich im Stillen über die Ihnen bezeugte Anerkennung (und darüber, dass Sie so ein guter Mensch sind) freuen; die Person, die Sie gelobt hat, merkt, was für ein guter Team Player Sie sind; der Ko-Adressat des Lobs wird Ihnen dankbar sein und sich irgendwann erkenntlich zeigen.

Zu letzterer Taktik ein Beispiel: Mirella Freni spielte und sang einst die Titelrolle in Giacomo Puccinis *La Bohème* an der Mailänder Scala unter der Regie des Dirigenten Herbert von Karajan. Die Aufführung war ein Welterfolg, und Mirella Freni wurde bereits nach der Premiere mit begeisterten Lobeshymnen überschüttet. Die von allen Seiten Gehuldigte nahm das gelassen: «Sie müssen doch zugeben», sagte sie allen, die es hören wollten, «dass es einfach unmöglich ist, unter Karajan nicht gut zu sein.»

> *Soft Skills sind Stärken, die nicht auf dem Papier stehen.*
>
> Definition des Online-Karriereportals Monster

Unter Soft Skills fallen Fähigkeiten wie soziale Kompetenz, Team-Kompatibilität und Parkettsicherheit. Wenn die Wirtschaft stagniert, kommt es auf diese Soft Skills besonders an, meint der Deutsche Knigge-Rat, ein unabhängiges Gremium von Experten zum Thema Umgangsformen. Gute Produkte seien auf dem Arbeitsmarkt reichlich vorhanden, doch bevorzugten die Kunden den Anbieter, der darüber hinaus noch einen freundlichen Kunden-Service hat, gut berät und sie zuvorkommend behandelt. Die Folge: Die Bewerber, die nicht nur fachlich gut qualifiziert sind, sondern auch die Firma repräsentieren, zuvorkommend sind und die Umgangsformen beherrschen, sind klar im Vorteil.

**Soft Skills an Hochschulen und Weiterbildungsstätten**

«Erfolg im Arbeitsleben», assistiert das Nachrichtenmagazin *Focus*, «basiert zu 50 Prozent auf Fachkompetenz.» Das belegen internationale Studien. Die andere Hälfte hängt von den so genannten Soft Skills wie Kommunikations- und Teamfähigkeit ab. Da Soft Skills so wichtig sind, werden sie mittlerweile an vielen Hochschulen und Weiterbildungsinstituten als Zusatzfach angeboten. Kurse wie «Business Behaviour» der Fachhochschule Bonn-Rhein-Sieg oder «Business-Knigge» der CoachAcademy Stuttgart sind bereits, lange bevor sie stattfinden, ausgebucht. Es gibt sogar ein Angebot im Internet, das sich einzig mit dem Thema Soft Skills beschäftigt: die Website *www.soft-skills.com*.

**Wo Soft Skills zum Tragen kommen**

Die Online-Enzyklopädie Wikipedia definiert Soft Skills als Eigenschaften und Fähigkeiten, die für das Ausüben eines Berufs auf Mitarbeiter und Kunden bezogen nötig sind, und unterscheidet diese nach folgenden Aspekten:

- erlernbaren (etwa Redekunst) und kaum erlernbaren (Humor, Witz, Schlagfertigkeit),
- äußerlichen (wie Stil, Kleidung, Auftreten) und innerlichen (Motivation, Offenheit),
- beruflich verwertbaren (beispielsweise Führungsstärke) und eher privat nützlichen (Bindungsfähigkeit, Geduld, Nachsicht),
- globalen (Gastfreundschaft, Hilfsbereitschaft), interkulturellen (Offenheit, Toleranz, Einfühlungsvermögen) und regionalen (die Beherrschung einer regionalen Mundart).

**Die zehn gefragtesten Soft Skills**

Die wachsende Bedeutung der Soft Skills bestätigt Jürgen Hesse, bekannt geworden durch seine gemeinsam mit Christian Schrader verfassten Bewerbungshandbücher. Worauf es Personalchefs außer der Fachkompetenz bei der Einstellung von Bewerbern konkret ankommt, erklärt Hesse, indem er die zehn gefragtesten Soft Skills benennt:

1. Teamorientierung: Einzelkämpferinnen sind kaum mehr gefragt. Sie können Ihre Denk- und Arbeitsweise dem Teamgeist unterordnen. So arbeitet das Team geschlossen auf das gemeinsame Ziel hin und erreicht viel mehr.
2. Kommunikationsfähigkeit: Sie formulieren Botschaften klar und deutlich, Ihr Gegenüber versteht diese sofort. Sie hören gut zu, können Signale, also Mimik, Gestik und Körperhaltung, entschlüsseln und entsprechend reagieren.
3. Organisationsfähigkeit: Sie planen und ordnen Termine und Arbeitsabläufe so, dass die eigene Arbeitskraft möglichst opti-

mal genutzt wird. Sie setzen Prioritäten, erledigen das Wichtigste zuerst, übernehmen Verantwortung.

4. Flexibilität: Sie sind bereit, ständig zu lernen und sich in neue Aufgabenbereiche einzuarbeiten.
5. Mobilität: Für jeden Karrieresprung – zumindest in Führungspositionen – ist räumliche Beweglichkeit häufig eine Grundvoraussetzung.
6. Emotionale Intelligenz und soziale Kompetenz: Sie sind einfühlsam und geschickt im Umgang mit Kollegen und Mitarbeitern. Sie verfügen über Team-, Kommunikations- und Integrationsfähigkeit.
7. Motivation: Ihr Antrieb kommt von innen heraus und macht Sie unabhängig – ohne dass ein Chef Sie ständig antreiben oder loben muss.
8. Durchsetzungsvermögen: Wird endlos diskutiert, hauen Sie auch mal auf den Tisch und sagen: «So wird es gemacht.»
9. Kreativität: Sie finden eigenständig Lösungen für Probleme, stellen neue Ideen in den Raum und beeindrucken durch Einfallsreichtum.
10. Analytisches und logisches Denken: Sie besitzen die Fähigkeit, Sachverhalte mit der passenden «Wenn-dann-Formel» zu durchleuchten. Das heißt, Sie erkennen Zusammenhänge, ziehen angemessene Schlüsse daraus und können für verschiedene Szenarien Lösungsmöglichkeiten entwickeln.

*Was dem Schwarm nicht nützt,*
*das nützt auch der einzelnen Biene nicht.*

Marc Aurel, römischer Kaiser

«Die Sekretärin der Zukunft wird weniger Schreibkraft als vielmehr Büromanagerin sein», prophezeite die ehemalige Vorsitzende des Bundesverbands Sekretariat und Büromanagement, Christa Vogel: «Die Anforderungen an die fachliche Kompetenz werden ebenso steigen wie die Anforderungen an die soziale Kompetenz.»

Diese durchaus zutreffende Einschätzung scheint bei den Beschäftigten der Branche noch nicht angekommen zu sein. Oder wie kommt es, dass in einer Befragung der Gummersbacher Managementberatung Kienbaum von Deutschlands Personalern unter den Defiziten von Bewerbern an erster Stelle die mangelnde soziale Kompetenz genannt wurde?

**Die Arbeit im Team löst das Einzelkämpfertum ab**

Immer mehr Arbeitsabläufe vollziehen sich inzwischen im Team oder im Netzwerk – eine Entwicklung, die an Ihnen nicht vorbeigehen darf. Schließlich nehmen Sie als Sekretärin eine Schlüsselstellung ein. Ergreifen Sie die Initiative und fördern gezielt Kollegialität und Kooperation unter Ihren Kollegen. Dabei können Sie zwei Ansätze verfolgen:

1. Der soziale Faktor: Jeder Mensch hat das Bedürfnis nach Anerkennung in der Gruppe. Sorgen Sie dafür, dass jedes Mitglied innerhalb Ihres Teams, Ihrer Abteilung, Ihrer Organisation genügend Bestätigung und menschliche Belohnung erhält. Ihre

Gruppe oder Belegschaft soll jedem, der ihr angehört, gefühlsmäßige Heimat sein – nach der Maxime: «Wie sind alle eine große Familie.» Nehmen Sie die Rolle als Ansprechpartnerin und Vermittlerin ein.
2. Der Ego-Faktor: Jeder Mensch hat das Bedürfnis nach Individualität – und will sich selbst behaupten. Dies darf im Team nicht untergehen. Sorgen Sie also dafür, dass jeder in der Gruppe das eigene Ich nicht unterdrücken muss, sondern auch ausleben und verwirklichen kann. Im Gegenzug verhalten sich die Betroffenen sozial und sind bereit, etwas für das Team und die Kollegen zu tun.

Sorgen Sie als die große Kommunikatorin dafür, dass Einsatz für andere und für die Gruppe mit der Selbstbehauptung des Einzelnen im Einklang stehen. Gelingt Ihnen das nicht, knallt's früher oder später!

**Von der Vorzimmerdame zur Kommunikationsexpertin …**

Die klassische Rolle der Sekretärin als Vorzimmerdame gehört der Vergangenheit an: So sehen es auch die Wissenschaftler vom Fraunhofer-Institut für Arbeitswirtschaft und Organisation. Für sie ist die Sekretärin eine Büromanagerin, die nicht nur die herkömmlichen Schreib- und Verwaltungstätigkeiten beherrschen muss. Zu ihrem ständig wachsenden Aufgabenbereich zählen Kommunikation, Dokumentenverwaltung und Planung. Die erweiterte Kommunikationsfähigkeit setzt soziale Kompetenz voraus. Demgegenüber tritt die fachliche Kompetenz mehr und mehr in den Hintergrund. Gefragt sind in erster Linie psychologisches Gespür im Umgang mit dem Chef und allen Mitarbeitern sowie Repräsentationsqualitäten nach außen. Die Sekretärin der Zukunft verkörpert die Schnittstelle zwischen Chef, Mitarbeitern und Kunden. Trotz mehr Technik und weniger persönlichem Kontakt unter den Mitarbeitern ist menschliche Nähe und Wärme weiter gefragt.

### … und zum multifunktionalen Allroundtalent

Was ist eine Sekretärin? Diese Frage beantwortete Aram Bakshian jr., Redenschreiber diverser US-Präsidenten, einmal wie folgt: «Jemand, der oder die Briefe tippt? Nein, das ist eine Schreibkraft. Eine moderne Sekretärin kann Briefe schreiben, klar. Aber sie ist auch eine Spezialistin für Informations-Management, eine Kommunikatorin, eine Computer-Hardware- und Software-Expertin, eine Telekommunikations-Autorität, eine Gastgeberin, eine Personalleiterin. Außerdem ist sie ein ‹Caterer›, sorgt also für Speisen und Getränke, und ein ‹Provider›, denn sie sorgt für das Büromaterial.»

*Am Telefon können Sie wunderbar mit Leuten reden, ohne ihnen einen Drink anbieten zu müssen.*

Fran Lebowitz, US-Schriftstellerin

Der Brief ist ein unangemeldeter Besuch, ein unhöflicher Überfall, fand Friedrich Nietzsche. Über das Telefon hat sich der Philosoph zum Glück nie geäußert. Bei der fernmündlichen Kommunikation bleiben oft nur wenige Sekunden, um richtig zu reagieren. Dabei können Ferngespräche den Ausschlag geben, ob Sie beispielsweise einen neuen Geschäftskunden gewinnen – oder einen alten für immer vergrätzen. Als Sekretärin müssen Sie nicht nur die Pflicht beherrschen. Sie müssen auch in der Lage sein, mit schwierigen Anrufern umzugehen. Davon gibt es im zunehmend von Hektik geprägten Berufsalltag leider immer mehr.

**Die ersten Sekunden am Telefon …**

Versetzen Sie sich in die Lage der anrufenden Person: Sie hat ein Anliegen – und erwartet, dass Sie es erfüllen. Das erfordert im Durchschnitt eine Minute Freundlichkeit und Konzentration. Selbst wenn Sie drei Dutzend oder mehr Telefonate am Tag erhalten, darf Ihre Freundlichkeit nicht darunter leiden.

- Alles beginnt mit der Meldeformel: Sie sollte kurz, prägnant, nett sein und den Anrufer für das weitere Gespräch positiv stimmen. Im Geschäftsverkehr darf es daher ein wenig mehr sein als die bloße Namensnennung. Ein Beispiel: «VÖEST-Alpine AG, guten Tag, mein Name ist Anna Buchrieser.» Sind Sie gerade nicht unter Zeitdruck, können Sie ein freundliches

«Was kann ich für Sie tun?» anhängen. Wenn Sie dabei lächeln, hört sich Ihre Stimme noch netter an.
- Notieren Sie sich den Namen des Anrufers. Wenn Sie ihn im Verlauf des Gesprächs ein- oder zweimal persönlich ansprechen, spürt er, dass Sie an seinem Anliegen wirklich interessiert sind.
- Verbinden Sie den Anrufer nicht weiter, ohne dass er die Möglichkeit hat, sein Anliegen vorzubringen. So viel Zeit muss sein!
- Fragen Sie den Anrufer, ob er warten möchte. Sagen Sie ihm ungefähr, wie lange es dauert.
- Wenn Sie jemanden weiter verbinden, lassen Sie ihn nie länger als 30 Sekunden in der Warteschleife. Fragen Sie lieber nach der Telefonnummer und rufen später zurück.

### … und die letzten

Ein guter Anfang sorgt für eine angenehme Atmosphäre beim Telefonieren. Wenn Sie ein Gespräch positiv beenden, bleiben Sie Ihrem Anrufer auch angenehm in Erinnerung:
- Nennen Sie die Person am anderen Ende der Leitung noch einmal bei ihrem Namen, wenn Sie sich verabschieden. Das wirkt besonders aufmerksam.
- Bedanken Sie sich für das Gespräch und vielleicht auch dafür, dass sich die andere Person die Mühe gemacht und die Zeit genommen hat.
- Signalisieren Sie dem Anrufer, dass Sie sich auf ein nächstes Gespräch freuen. Warten Sie mit dem Auflegen, bis Ihr Gesprächspartner eingehängt hat.

### Schwierige Telefonate

Das Problem an der Kommunikation ist, dass sie selten störungsfrei abläuft. Selbst wenn Sie alle Regeln höflichen Telefonierens befolgen, ist da noch jemand am anderen Ende der Leitung. Es gibt

Anrufer, die weder ihren Namen nennen noch den Grund ihres Telefonats verraten. Es gibt Anrufer, die verärgert sind und entsprechend aggressiv in den Hörer bellen. Es gibt Anrufer, die mehrmals zurück in die Warteschleife geworfen wurden und entsprechend frustriert sind. Und es gibt Anrufer, die so gerne mit Ihnen telefonieren, dass sie einfach nicht damit aufhören wollen. Jede dieser Situationen ist eine harte Prüfung für beschäftigte Sekretärinnen. In jeder dieser Situationen gibt es aber auch einen Ausweg.

**Der Anrufer nennt weder Namen noch Grund**

Manche Anrufer sagen lediglich, dass sie Ihren Vorgesetzten sprechen möchten: «Verbinden Sie mich doch bitte mit Herrn Dr. …» Vielleicht geht er davon aus, dass Sie ihn am Namen auf dem Display oder auch an der Stimme erkennen. Oder er ist ein ganz Schlauer, der sich an Ihnen vorbeimogeln möchte, weil er darin die einzige Möglichkeit sieht, an den gewünschten Gesprächspartner heranzukommen. Doch ist es ja gerade Ihre Aufgabe, diesen abzuschirmen! Wie reagieren Sie also?

- Einigen Sie sich vorab mit Ihrem Vorgesetzten auf klare Richtlinien: Welche Anrufer sind für ihn von Interesse? Mit welchen Leuten ist er grundsätzlich bereit zu sprechen? Mit welchen nicht?
- Stellen Sie dem Anrufer direkte Fragen, um herauszufinden, was er genau will. Fragen Sie zuerst nach seinem Namen, anschließend nach dem Grund seines Anrufs. Weicht er aus, ist etwas faul.
- Unterbrechen Sie den Anrufer taktvoll. Will er nicht mit seinem Anliegen herausrücken, sagen Sie ihm: «Ich bin die engste Mitarbeiterin von Dr. … Wenn Sie mir sagen, was Sie möchten, kann ich sehen, was ich für Sie tun kann.» Wichtig: Machen Sie nie verbindliche Zusagen, bevor Sie wissen, was der Anrufer bezweckt!
- Bleiben Sie konsequent. Spielen Sie immer wieder die Platte

ab, dass Sie den Anrufer nicht durchstellen können, bevor Sie seine Absichten kennen: «Ich würde Ihnen ja gerne weiterhelfen. Aber dazu müssen Sie mir erst sagen, was Sie von meinem Vorgesetzten wollen.»

- Weigert er sich weiter standhaft, beenden Sie das Gespräch: «Ich hätte Sie wirklich gern durchgestellt. Haben Sie vielen Dank für Ihren Anruf. Auf Wiedersehen.»

**Der Anrufer ist verärgert und aggressiv**

Ist ein Anrufer ungemütlich, unverschämt, ungerecht, unversöhnlich und vor allem laut, dürfen Sie ihn weder zur soeben gewonnenen Meisterschaft im Doubeln von Brüllaffen beglückwünschen noch mit der nächstgelegenen Arztpraxis verbinden. Obwohl Sie das in dem Moment nicht für die schlechteste Idee halten: Es gibt bessere. Eine davon wäre, die Ruhe zu bewahren.

- Lassen Sie den Anrufer ausreden.
- Leisten Sie keinen Widerstand, und üben Sie bloß keine Kritik!
- Bleiben Sie objektiv, und starten Sie keinen Gegenangriff.
- Stellen Sie möglichst viele Fragen zum Thema. So kann der Anrufer sich am besten abreagieren und macht das, was auch der hartnäckigste Besucher der Internationalen Raumstation tun muss: wieder auf den Boden zurückkommen. Die schlechte Nachricht: Das kann dauern. Die gute: Je länger es dauert, desto mehr Dampf wird dabei abgelassen. Selbst veritable Telefontiger schrumpfen mit der Zeit zu schnurrenden Kätzchen.
- Außer geduldig zu warten können Sie – wenn man Sie denn lässt – Ich-Botschaften senden, in der Art wie «Ich kann gut verstehen, dass …». So fühlt Ihr Anrufer sich ernst genommen und schaltet vom emotionalen in den rationalen Bereich. Dann ist er wieder empfänglich für logische Argumentation.

**Der Anrufer ist frustriert, weil er immer wieder weitergeleitet wird**

Sagen Sie zu einem Anrufer, der bereits zum dritten oder vierten Mal in die Warteschleife zurückversetzt worden ist, bitte nicht: «Bei mir sind Sie auch falsch.» Professionell reagieren Sie, wenn Sie dem Anrufer den Wind aus den Segeln nehmen und ihn besänftigen:

- Greifen Sie auf, was Ihr Gesprächsteilnehmer Ihnen gerade gesagt hat: «Herr …, Sie wurden jetzt schon dreimal weiter verbunden? Das ist ja nicht zu fassen! Und jedes Mal mussten Sie Ihr Anliegen wiederholen? Dreimal haben Sie jetzt das Gleiche erzählt? Da wäre ich auch ärgerlich.» Der Grund, warum Sie den Beschwerdegrund Ihres Gesprächspartners noch mal in eigene Worte fassen sollten, liegt auf der Hand: Er braucht Bestätigung, um sich zu beruhigen. Und die erfährt er nur so.
- Bieten Sie sofort anschließend Ihre Hilfe an: «Herr …, ich kümmere mich jetzt darum, dass Ihnen ein kompetenter Ansprechpartner weiterhilft.» Und dann schicken Sie ihn wieder in die Warteschleife – aber bitte nicht, ohne Ihrem Anrufer vorher zu versichern: «Ich notiere mir Ihren Namen und Ihre Telefonnummer. Wann sind Sie am besten zu erreichen? Der richtige Ansprechpartner ruft Sie dann an. Versprochen!»

**Kleiner Tipp:** Um zu vermeiden, dass Anrufer endlos weitergeleitet werden, sollten die Kolleginnen in der Telefonzentrale Ihres Unternehmens gut geschult werden!

**Der Anrufer findet kein Ende**

«Ach, es ist so schön, mit Ihnen zu telefonieren!» Über solche Komplimente dürfen Sie sich erst am Feierabend oder nach Eintritt in den Ruhestand freuen. Gespräche, die Ihre Arbeitszeit über Gebühr in Anspruch nehmen, sollten Sie kappen. Doch wie gelingt Ihnen das, ohne Ihr Gegenüber zu brüskieren?

- Schauen Sie hörbar auf die Uhr. Nutzen Sie eine kleine Gesprächspause, um mit Bedauern festzustellen: «Oh, es ist ja schon so spät!»
- Wechseln Sie in die Vergangenheitsform, verbunden mit einem Lob: «Es war sehr nett, mich mit Ihnen unterhalten zu haben.»
- Weisen Sie nach vorn: «Diese Diskussion sollten wir an anderer Stelle ausweiten» oder «Ein interessanter Gedanke, den sollten wir bei Gelegenheit weiterverfolgen».
- Verweisen Sie auf Termine. Einem «Ich muss mich jetzt leider verabschieden» schieben Sie bitte nach: «Aber es war sehr interessant, mit Ihnen zu sprechen.»
- Ein guter Schlusssatz, der keine beleidigten Seelen hinterlässt, wäre: «Ich schicke Ihnen gleich die entsprechende Literaturliste und die Kontaktadressen in einer E-Mail!»

> *Mache deine Pläne fürs Jahr im Frühling*
> *und die für den Tag frühmorgens.*
>
> Chinesisches Sprichwort

Niemand plant zu versagen, aber die meisten versagen beim Planen. Was die ideale Tagesplanung angeht, investieren Sie frühmorgens fünf Minuten (siehe das entsprechende Kapitel). Für die langfristigen Projekte Ihres Chefs erstellen Sie einen Jahresplan.

**Der Jahresplan zur Orientierung**

Wählen Sie einen Tag – am besten im Dezember – aus, an dem Sie mit Ihrem Chef die Aufgaben für das ganze kommende Jahr durchgehen. Sprechen Sie die Terminierung gemeinsam mit Ihrem Vorgesetzten ab. Ihre Aufgabe ist es, den Terminplan zu verwalten. Prüfen Sie die Termine regelmäßig und korrigieren diese, falls nötig. Erinnern Sie rechtzeitig an Termine und bereiten diese vor. Das bedeutet, dass Sie Unterlagen ordnungsgemäß zusammenstellen, andere Mitarbeiter zu Besprechungen einladen, Datenmaterial beschaffen, einen Konferenzraum vorbereiten – und vieles mehr. Erstellen Sie für solche Zwecke eine Checkliste, die Sie immer wieder anpassen. Sie hilft Ihnen, an alles zu denken.

Handelt es sich bei den Projekten im Jahresplan um Aufgaben, mit denen sich noch andere Mitarbeiter befassen? Dann hängen Sie den Plan für alle Beteiligten sichtbar aus und setzen für jede Aufgabe einen Termin fest. Ein optimal geführter Plan hilft Ihnen, Termine ohne Stress und Zeitdruck vorzubereiten und abzuwickeln. Auch die Wochenplanung sollten Sie so ausrichten, dass für Ihren Chef möglichst wenig Stress dabei herumkommt.

**Stressfreie Termine für Ihren Chef**

Generell sollten Sie bei der Terminfestlegung die folgenden Tipps befolgen. Ihr Chef wird es Ihnen danken, ermöglicht ihm Ihre Planung doch ein wesentlich entspannteres Arbeiten:

- Versuchen Sie, nur so viele Termine wie unbedingt notwendig auf den Montag zu legen. Nach dem Wochenende ist für den Chef in der Regel viel zu erledigen, sodass die Zeit für Termine knapp wird.
- Legen Sie Termine – wenn irgend möglich – in die Zeit von 10 bis 16 Uhr. Vorher und nachher braucht Ihr Chef zwei stressfreie Stunden, um andere wichtige Aufgaben zu erledigen.
- Auch in die Zeit vor und nach einer Abwesenheit Ihres Chefs sollten Sie möglichst wenige Termine legen. Vorher ist jede Menge zu erledigen, nach der Rückkehr viel Liegengebliebenes aufzuarbeiten!
- Verplanen Sie, falls möglich, die Mittagszeit nicht – außer für ein richtiges Arbeitsessen. Damit auch dieses stressfrei abläuft, sollten Sie dafür eineinhalb bis zwei Stunden einkalkulieren.
- Planen Sie stets ausreichend Pufferzeiten ein – wegen der Verzögerungen!

Natürlich müssen Sie Ihren Chef in die Planung einbeziehen. Am effizientesten ist es, nur Sie machen alle Termine ab und lassen anschließend alles von ihm absegnen.

**Warum Sie allein Termine ausmachen sollten**

Die Vorteile, warum das Terminmanagement exklusiv in Ihrer Hand liegen sollte, sind offensichtlich:

1. Sie sind die Kommunikationsschnittstelle und haben den Überblick über alle Termine sowie deren aktuellen Stand. Hät-

ten Sie und Ihr Chef jeweils einen Kalender, in den Termine eingetragen werden, würde dies nur Verwirrung stiften.
2. Wenn nur Sie Termine ausmachen, vermeiden Sie Überschneidungen.
3. Falls Kollegen, Geschäftspartner oder Kunden den Aufenthaltsort Ihres Chefs wissen wollen oder nach dem Zeitpunkt seiner Rückkehr fragen, haben Sie den Überblick und können die entsprechenden Auskünfte geben.
4. Sobald Sie über die Termine des Chefs informiert sind, können Sie diese vorbereiten: Sie versenden Terminbestätigungen, erstellen Unterlagen, organisieren Räume.
5. Je besser Sie über die Termine Ihres Chefs Bescheid wissen, desto seltener müssen Sie ihn stören, um notwendige Informationen einzuholen.

Ein weitere Vorteil, den Sie Ihrem Chef allerdings nicht unbedingt nennen müssen: Wer den alleinigen Überblick über alle Termine hat, macht sich auf diese Weise rasch unentbehrlich.

> *Ob ich nichts aus meinen Fehlern gelernt habe?*
> *Doch, ich könnte sie jederzeit exakt wiederholen.*
>
> Peter Cook, englischer Filmregisseur

Wie wehren Sie sich gegen ungerechtfertigte Kritik? Der größte Fehler, den Sie machen können, ist eine Antwort aus dem Bauch heraus. Schnell ist ein böses Wort herausgerutscht, und der Schaden lässt sich womöglich nie mehr reparieren. Gehen Sie in solchen Situationen lieber taktisch vor.

**Spielen Sie auf Zeit**

Vermutlich wird Sie eine aggressiv vorgebrachte, in Ihren Augen durch nichts gerechtfertigte Kritik ähnlich unvorbereitet treffen wie den ersten Indianer der Anblick des Kolumbus. Geben Sie ruhig zu, dass Sie mit einer solchen Attacke nicht gerechnet haben.

- Sagen Sie dem Angreifer: «Ich fühle mich im Augenblick völlig überrascht.» Oder: «Ich bin total perplex.»
- Sammeln Sie sich kurz und fragen nach: «Bitte sagen Sie mir doch noch einmal genau, worum es geht.»
- Dadurch geben Sie Ihrem Gegenüber die Möglichkeit, die Kritik zu überdenken. Er kann seinen Angriff relativieren, milder formulieren oder sogar den unfairen Vorwurf zurücknehmen.
- Schweigen Sie ruhig einmal einige Sekunden. Ihr Gegenüber wird dann vielleicht nervös. Zumindest ist er eher bereit als vorher, Ihnen zuzuhören.
- Ein weiteres Zeitpolster sichern Sie sich, wenn Sie sagen: «Be-

vor ich Ihnen antworte, interessiert mich noch, wie Sie darauf kommen. Können Sie mir die Gründe nennen?»

**Statt sich zu wehren – stimmen Sie zu!**

Wenn jemand Sie angreift, erwartet er, dass Sie sich wehren. Dies ist Ihr gutes Recht – doch es gibt noch eine bessere Taktik: diejenige der scheinbaren Zustimmung. Ihr Gegner wird verblüfft sein. Das verschafft Ihnen die nötige Ruhe, um angemessen zu reagieren:

- Antworten Sie auf einen Vorwurf einfach mit einem knappen «Stimmt!». Das lässt Ihr Gegenüber garantiert erst einmal verstummen.
- Mit einer solchen Erwiderung haben Sie sogleich noch einen zweiten Erfolg: Der Angreifer stellt alle weiteren Attacken ein.
- Ihr dritter Vorteil ist ebenfalls nicht unerheblich, denn Sie gewinnen Zeit. Sie können sich überlegen, wie Sie weiter vorgehen wollen.
- Anschließend können Sie Gegenmaßnahmen ergreifen. Bitten Sie die Person, die den Vorwurf geäußert hat, um Vorschläge, was Sie denn ihrer Meinung nach jetzt tun sollten.
- Machen Sie anschließend ein großzügiges Friedensangebot. Indem Sie auf Ihr Gegenüber eingegangen sind, haben Sie ihm gezeigt, dass Sie ihn ernst nehmen. Jetzt kann er sein Gesicht wahren. Das wiederum stärkt Ihre Souveränität.

**Wenn Sie vor anderen angegriffen werden**

Kritik, zumal unberechtigte, wird oft nur angebracht, um Sie zu verunsichern. Geben Sie grundsätzlich keinen Kommentar zu einer vor einer Gruppe vorgetragenen Attacke. Später sollten Sie den Heckenschützen aber stellen: «Habe ich da nicht einige Sticheleien herausgehört? Was wollten Sie denn damit sagen?» So können Sie das Problem ausfindig machen – und es vielleicht sogar aus der Welt schaffen.

Falls Sie nicht so lange warten möchten, steht Ihnen ein anderer Weg offen: ungerechtfertigte Kritik mit einer Gegenfrage zu beantworten. Damit machen Sie vor einer Gruppe deutlich, wer der Angreifer ist. Setzt dieser seine Attacken fort, blamiert er sich nur. Für Ihre Gegenfrage stehen Ihnen verschiedene Methoden zur Auswahl:

- Appell an die Fairness: «Halten Sie diese Bemerkung für besonders fair?»
- Bitte um Präzision: «Würden Sie mir bitte erläutern, was genau Sie mit … meinen?»
- In Relation setzen: «Was hat das mit … zu tun?»
- Unschuld mimen: «Wie darf ich Ihre Kritik verstehen?»

Schließlich bleibt Ihnen noch die Ironie: «Wer mir schmeichelt, ist mein Feind, wer mich tadelt, ist mein Lehrer» wussten schon die alten Chinesen. Diese Weisheit dürfen Sie ruhig einmal zweckentfremden.

## Verlässlichkeit

> *Verlassen kann man sich immer nur auf einen: auf sich selbst.*
>
> Meg Ryan, US-Schauspielerin

Der britische Staatsmann Oliver Cromwell diktierte einmal seinem Sekretär zwei Briefe mit komplett gegensätzlichem Inhalt. Der Schreiber dachte, es handle sich um einen Irrtum, und machte seinen Vorgesetzten darauf aufmerksam. Cromwell antwortete leicht gereizt: «Ich weiß recht gut, was ich tue. Auf diese Weise können Sie nicht wissen, welchen Brief ich nun abschicke.» Ihr Chef ist vermutlich weniger misstrauisch als Oliver Cromwell. Ihrer Karriere kann es jedoch nicht schaden, wenn Sie ihm Ihre Verlässlichkeit beweisen und sein restloses Vertrauen besitzen.

**Ihr guter Draht nach oben …**

Worte allein reichen nicht aus, um eine vertrauensvolle, harmonische Beziehung zu Ihrem Chef aufzubauen. Er muss Ihre Vorzüge und Qualitäten erkennen und sich auf Sie in jeder Situation verlassen können. Sie punkten mit

- Ehrlichkeit: Firmengeheimnisse müssen ebenso tabu bleiben wie Details in Personalakten – auch wenn Sie Einblick darin haben. Sollten Sie einmal einen Fehler machen, müssen Sie es Ihrem Chef sagen. Er muss Ihnen blind vertrauen können, ohne dass er Sie kontrolliert.
- Organisation: Achten Sie auf ein konsequentes Zeitmanagement. Chaos-Schreibtische, Hektik und Unordnung im Büro lassen Sie wenig kompetent erscheinen.

- Verlässlichkeit: Sie müssen zu Ihrem Wort stehen. Wenn Sie einen Auftrag annehmen, müssen Sie ihn auch erledigen. Ihr Chef ist auf diese Planungssicherheit angewiesen.
- Offenheit: Ihr Chef braucht keine Ja-Sager. Teilen Sie ihm Ihre Meinung mit, wenn er Sie danach fragt. Sie dürfen ihm auch widersprechen.
- Loyalität: Nachdem Sie eine Übereinkunft getroffen haben, müssen Sie sich Ihrem Chef gegenüber absolut loyal verhalten. Auch im Gespräch mit Dritten sollten Sie stets zu den Beschlüssen und zur Person Ihres Chefs stehen.

Stellt sich die Harmonie nicht sofort ein, müssen Sie nicht verzweifeln. Vertrauen ist keine Angelegenheit von wenigen Tagen oder Wochen. Das Verhältnis zu Ihrem Chef muss langsam reifen. Haben Sie also Geduld.

**… und nach unten**

Loyal zum Chef, Vertrauen erweckend bei Mitarbeitern – diese Eigenschaften sollten Sie als Sekretärin und als Assistentin vereinen. Ihre Rolle als Bindeglied zwischen Chef und Mitarbeitern nehmen Sie ein, wenn Sie die Kommunikation aller Beteiligten in Ihrem Umfeld fördern:

- Ermutigen Sie Mitarbeiter, die gut arbeiten, sich aber nicht gut verkaufen. Empfehlen Sie Ihrem Chef, diese stärker anzuerkennen und zu fördern.
- Stellen Sie Person und Persönlichkeit Ihres Chefs vor den Mitarbeitern positiv dar. Das erhöht seine Glaubwürdigkeit und stärkt die Akzeptanz.
- Sensibilisieren Sie Ihren Chef für Probleme. Vermitteln Sie Gespräche mit Mitarbeitern, die sich ausgegrenzt und übergangen fühlen.
- Mischen Sie nicht mit in der Gerüchteküche: Sorgen Sie für klare Informationspolitik.

- Entwickeln Sie Gespür für Unzufriedenheit bei Mitarbeitern. Machen Sie Ihren Chef auf Versäumnisse aufmerksam.
- Strahlen Sie Optimismus aus. Wenn Sie an den Erfolg glauben und von Ihrer Arbeit – und der Ihres Chefs – überzeugt sind, wirkt das auf andere ansteckend.

**Lernen Sie richtig zuzuhören!**

Zuhören bringt uns manchmal viel weiter als reden. Vor allem sorgt es dafür, dass andere Menschen uns vertrauen und ihr Herz ausschütten. Doch das Hineinhorchen in die andere Person will gelernt sein. Diese drei Arten sollten Sie beherrschen:

1. Mit den Ohren hören: Hören Sie gut zu, was Ihr Chef sagt, bevor Sie an Ihre Antwort denken. Die meisten von uns konzentrieren sich nur auf ihre eigenen Gedanken und Worte und interessieren sich nicht für die Ideen anderer.
2. Mit den Augen hören: Achten Sie auf die Körpersprache Ihres Chefs. Erkennen Sie Alarmzeichen wie Stirnrunzeln, Abbruch des Augenkontakts, verschränkte Arme, nervös fuchtelnde Hände? Dann wird es Zeit, auf dessen Sorgen und Nöte einzugehen. Fragen Sie offen, welches Problem an Ihrem Chef nagt.
3. Mit dem Herzen hören: Versuchen Sie, die emotionalen Untertöne herauszufiltern. Manche Chefs zeigen ihre Gefühle nicht offen. Fragen Sie nach – nicht nur, wie er über eine bestimmte Sache denkt, sondern auch, welches Gefühl er dabei hat.

**Oberstes Gebot: Verschwiegenheit**

«Mir hat noch nie geschadet, was ich nicht gesagt habe»: Diese Maxime des US-Präsidenten Calvin Coolidge sollten Sie in Ihrem Beruf verinnerlichen. Nur durch absolute Verschwiegenheit können Sie auf Dauer erfolgreich mit Ihrem Chef zusammenarbeiten und sein Vertrauen gewinnen:

- Sie dürfen keine Insider-Informationen über Ihren Arbeitsplatz, Ihren Chef oder das Unternehmen an Dritte weitergeben.

- Auch im Team müssen Sie, was die Person Ihres Chefs betrifft, absolut verschwiegen sein. Klären Sie vorab mit ihm, was vertraulich ist und was die Mitarbeiter wissen dürfen.
- Widerstehen Sie der Versuchung, sich im Kollegenkreis zu beklagen, wenn es wieder mal Konflikte gegeben hat. Diskretion, so hat es ein kluger Kopf einmal formuliert, ist die Kunst, Geheimnisse auszuplaudern, ohne das Siegel der Verschwiegenheit zu verletzen. Wenn Sie unbedingt etwas Belastendes aus Ihrer Firma loswerden müssen, reden Sie darüber mit Ihrem Partner, nicht mit Ihren Kollegen.

**Wenn jemand Sie ausspionieren will**

Es gibt Anrufer, die nichts anderes wollen, als nicht für sie bestimmte Informationen aus Ihnen herauszukitzeln. Damit Firmeninterna tabu bleiben, reagieren Sie bei Verdacht höflich, aber bestimmt:

- Fragen Sie nach der Telefonnummer des Anrufers und bieten Sie einen Rückruf an. Halten Sie den Anrufer also hin. Gibt er die Telefonnummer aus irgendeinem fadenscheinigen Grund nicht heraus, hat sich Ihr Verdacht erhärtet.
- Bitten Sie im Zweifelsfall den Anrufer, seine Frage schriftlich zu formulieren. Sagen Sie, Sie seien nicht autorisiert, solche Informationen am Telefon weiterzugeben.
- Halten Sie sich generell zurück, was die Nennung von Namen in Ihrem Unternehmen anbelangt. So würden Sie dem Anrufer neue Anker werfen.

Noch ein Tipp, um Indiskretionen in Ihrem Arbeitsalltag vorzubeugen: Vertrauliche Vorgänge, die gerade auf Ihrem Schreibtisch zur Bearbeitung liegen, tarnen Sie am besten mit einem neutralen weißen Deckblatt. Sobald Sie die Unterlagen nicht mehr brauchen, kommen sie in die dafür vorgesehene Ablage.

## Videokonferenzen

> *Eine Konferenz ist eine Sitzung, bei der viele hineingehen und wenig herauskommt*
>
> Werner Finck, Kabarettist

Firmen, die sich für Videokonferenzen entschließen, anstatt ihre Mitarbeiter persönlich zu entsenden, sparen viel Geld und Zeit. Eine Studie des Chartered Institute of Purchasing and Supply in London kam zu folgenden Ergebnissen:

- Reisekosten für Tickets, Hotels, Taxis und Mietwagen entfallen.
- Die Mitarbeiter sind durch den Wegfall von An- und Abfahrt zeitlich erheblich weniger beansprucht.
- Eine Londoner Firma zahlt für eine Konferenz in Frankfurt für einen Mitarbeiter allein an Reisekosten 1029 Euro (zum Vergleich: Die Videokonferenz kostet – alles inklusive – 794 Euro). Bei drei Mitarbeitern sind es 3087 Euro (Videokonferenz: 1093 Euro), bei zehn Mitarbeitern 10 290 Euro (1450 Euro).
- Eine Konferenz in Chicago kostet das Londoner Unternehmen für einen Mitarbeiter 6432 Euro (Videokonferenz: 1709 Euro), für drei Mitarbeiter 19 296 Euro (2077 Euro) und für zehn Mitarbeiter 64 320 Euro (3365 Euro).
- Die durchschnittlichen Einsparungen bei Videokonferenzen gegenüber Geschäftsreisen liegen bei 76 Prozent – nicht eingerechnet der Zeitaufwand, der mit dem Reisen verbunden ist.

**So bereiten Sie eine Videokonferenz vor**

Videokonferenzen sind preiswert und wenig aufwändig. Wie bei der Organisation einer Konferenz mit real anwesenden Teilnehmern legen Sie zuvor den Termin fest. Senden Sie die Tagesordnung allen Teilnehmern rechtzeitig zu – am besten per E-Mail. Was Sie darüber hinaus bei der Vorbereitung beachten sollten:

- Überprüfen Sie alle technischen Details des Videokonferenzraums.
- Liefern Sie dem Moderator – falls Sie selbst diese Funktion nicht übernehmen – präzise Informationen über die Teilnehmer.
- Machen Sie den Moderator und alle Teilnehmer in Ihrem Haus mit den technischen Details bekannt.
- Sorgen Sie auch dafür, dass alle übrigen Teilnehmer die technischen Informationen erhalten.
- Legen Sie vorab die Reihenfolge der Sprechenden verbindlich fest. Dazu müssen Sie die Teilnehmer rechtzeitig anrufen und mit Ihnen genau die Tagesordnung durchgehen.
- Sie müssen sich mit den Kameraleuten absprechen. Üben Sie vorher mit einem von ihnen und schauen Sie sich anschließend Ihren Auftritt auf Video an. Dann wissen Sie, was Sie oder auch der Kameramann noch verbessern muss. Sagen Sie vorab den Teilnehmern, in welche Richtung diese blicken oder welchen Punkt sie fixieren sollen.

**Auch das Äussere zählt**

Problematisch bei einer Videokonferenz ist die Kleiderfrage, hier vor allem der Effekt der Farben: Weiß reflektiert und lässt die Teilnehmer aussehen, als trügen sie einen Heiligenschein; Rot lässt sie aussehen, als hätten sie ihren Heiligenschein soeben verloren. Am besten sind neutrale Farben wie Grau oder Blau. Teilen Sie dies allen Teilnehmern rechtzeitig mit! Klären sollten Sie außerdem

- welche Sprache als Teamsprache gewählt wird;

- wer Ansprechpartner bei fachlichen Problemen ist (bei technischen Schwierigkeiten und eventuellen Konflikten einzelner Konferenzteilnehmer untereinander sind Sie es beziehungsweise der Moderator!);
- dass die sozialen Spielregen beachtet werden: Pünktlichkeit, Höflichkeit, Beschränkung auf rein konstruktive Kritik, Vermeidung persönlicher Angriffe;
- wie die Zielformulierung lautet und welche Zwischenziele gesetzt werden;
- welcher Zeitrahmen zur Verfügung steht;
- wer für die Dokumentation des Projekts verantwortlich ist.

**So führen Sie durch virtuelle Konferenzen**

Zu Beginn der Konferenz stellen Sie die Teilnehmer kurz vor. Da sich niemand alle Namen merken kann, müssen Sie mit den Gästen vorher vereinbaren, Namensschilder aufzustellen. Sollte es zu einer technischen Panne kommen, sind Sie es, der den Service anrufen muss. Notieren Sie sich die Nummer! Halten Sie die Beteiligten unbedingt an, sämtliche Hintergrundgeräusche auszuschalten! Dazu zählen Papierrascheln oder Gespräche mit anderen im Raum. Sagen Sie Ihren Teilnehmern, dass jedes ihrer Worte verstanden werden kann, wenn die Stummschaltung nicht eingeschaltet ist. Wer achtet bei einer Videokonferenz schon auf solche Nebensächlichkeiten? Denken Sie schließlich daran, sämtliche Ergebnisse festzuhalten: mit exakten Terminvorgaben und den Namen der Personen, die das Besprochene in die Praxis umsetzen sollen. Im Anschluss an die Veranstaltung erhält jeder Teilnehmer ein Ergebnisprotokoll.

Vergessen Sie nach Abschluss des Projektes nicht die Evaluation: Was war gut, wo herrscht Verbesserungsbedarf? Und wie viel haben Sie tatsächlich eingespart? Eine Videokonferenz ist eine Sitzung, in die niemand hineingeht. Es sollte trotzdem etwas dabei herauskommen.

*Du glaubst, Bildung sei teuer?*
*Wie teuer ist erst Unwissenheit!*

Emma Goldman, amerikanische Anarchistin

Was Sie während Ihrer Berufsausbildung und in den ersten Berufsjahren gelernt haben, reicht bei Weitem nicht aus, um auch nur ein Jahrzehnt lang mit den Erneurungen und Entwicklungen in der modernen Bürowelt Schritt zu halten. Im Gegenteil: Längst hat das Konzept vom lebenslangen Lernen Einzug in Ihre Arbeitswelt gehalten.

**Wie gut ist das Seminar, das Sie buchen wollen?**

Gründe, sich beruflich fortzubilden, gibt es viele. Bevor Sie sich für eine Weiterbildung entscheiden, sollten Sie jedoch den Anbieter sorgfältig auswählen. Überlegen Sie sich Fragen, anhand derer Sie die Qualität eines Seminars ermitteln können:

- Prüfen Sie den Ruf des Veranstalters. Für wen hat er schon gearbeitet? Wer hat bei ihm Seminare besucht? Seriöse Anbieter geben Referenzlisten an.
- Fragen Sie nach Qualifikation, Referenzen, praktischer Berufserfahrung des Seminarleiters. Werden Lernhilfen zur Vertiefung des Stoffs angeboten?
- Welche Zielgruppe besucht das Seminar? Identifizieren Sie sich damit?
- Wie ist die Teilnehmerzahl? Optimal sind fünf bis sieben, maximal sollten es zwölf sein.
- Bietet das Seminar die Lerninhalte, die Sie erwarten?

- Werden im Seminar Praxissituationen aus Ihrem Berufsalltag simuliert?
- Kommen aktivierende Lernmethoden zum Einsatz: Übungen, Simulationen, Diskussionen, Gruppenarbeit, Fallstudien? Meiden Sie reine Vorträge!
- Bauen die Lerninhalte auf wissenschaftlichen Erkenntnissen auf? Oder handelt es sich um eine Guru-Methode ohne objektive Grundlage? Machen Sie sich darüber ein Bild auf der Website des Anbieters.

**Welche Weiterbildung für Ihre Karriere?**

Die Wahl Ihrer Weiterbildung hängt von Ihrer Ausbildung, Ihrer Erfahrung, Ihren bereits erworbenen fachlichen Qualitäten und Ihrer Karriereplanung ab. Damit alles zusammenpasst, sollten Sie die Kurse und Institute, für die Sie sich interessieren, kritisch beäugen. Dabei helfen Ihnen folgende Internet-Seiten nichtkommerzieller Anbieter:

- *www.iwwb.de:* Das *InfoWeb* der Bundesanstalt für Forschung und Bildung bietet eine Suchmaschine rund um das Thema Weiterbildung mit Informationen zu Förderungen und Beratung.
- *www.weiterbildungstests.de:* Hier finden Sie die Homepage der Stiftung Warentest zum Thema Weiterbildung mit umfassenden Checklisten, Tests und weiteren Informationen.
- *www.weiterbildung.de:* Diese Seite hält auch Informationen über Seminare und Bildungsträger in Österreich und der Schweiz bereit.
- *www.softnet.ch:* Die Schweizer Website informiert über berufliche Weiterbildung, deren Anbieter und Finanzierungs- sowie Fördermöglichkeiten.

**Noch mehr Internet-Adressen für Ihre Weiterbildung**
Welche Anbieter von Weiterbildungen kommen für Ihren beruflichen Tätigkeitsbereich in Frage? Seminar- und Kongressanbieter, die sich auf Assistentinnen und Sekretärinnen spezialisiert haben, sind:

- Bildungsträger in Deutschland: *www.transmedia-mannheim.de*
- Gabler-Verlag: *www.sekretariat-seminare.de*
- IIR Deutschland GmbH: *www.iir.de*
- Forum Institut für Management Gmbh: *www.forum-institut.de*
- Akademie für Sekretariat und Büromanagement: *www.akadsek.de*
- Bundesverband Sekretariat und Büromanagement (bsb): *www.bsb-office.de.*
- Bundesinstitut für Berufsbildung, Forschung und Entwicklung: *www.bibb.de*

- Weiterbildungseinrichtungen in Österreich: *www.weiterbildung.at*
- Wirtschaftsförderungsinstitut der Wirtschaftskammer Österreich: *www.wifi.at*
- Erwachsenenbildung in Österreich: *www.erwachsenenbildung.at*
- Bildungsförderungen in Österreich: *www.berufsinfo.at*

- Weiterbildungseinrichtungen in der Schweiz: *www.weiterbildung.ch*
- Weiterbildungs-Angebotsbörse für die Schweiz: *www.w-a-b.ch*
- Erwachsenenbildung in der Schweiz: *www.erwachsenenbildung.ch*

- Schweizerische Berufsberatung: *www.berufsberatung.ch*
- Schweizer Zentrum für Unternehmensführung (ZFU): *www.zfu.ch*

Eine europaweite Adresse ist die Website von European Management Assistants (EUMA): *www.euma.org.*

**Überzeugen Sie Ihren Chef!**

Nachdem Sie sich die passende Weiterbildung herausgesucht haben, gilt es nun, Ihren Chef von deren Notwendigkeit zu überzeugen. Bevor Sie bei ihm eine Fortbildung beantragen, sollten Sie sich folgende Fragen stellen:

- Hat das Seminar Bezug zu meiner Arbeit?
- Haben die Seminarthemen mit meinem Arbeitsbereich zu tun?
- Bringt mir das neue Wissen eine Erleichterung?
- Orientiert sich die Weiterbildung an der Praxis?
- Kann ich die Inhalte in meinem Unternehmen umsetzen oder sogar weitergeben?
- Funktioniert der Ablauf im Büro trotz meiner Abwesenheit reibungslos?
- Hat der Referent ein gutes Renommee?

Können Sie alles mit «Ja» beantworten? Dann sind Sie bestens auf das Gespräch mit Ihrem Chef vorbereitet. Vermutlich wird er dieselben Fragen stellen.

**Das Finanzamt spielt bei Weiterbildungen mit**

Prüfen Sie, ob Sie die Kosten für eine Weiterbildung von der Steuer absetzen können. Sie haben zwei Möglichkeiten: Sie setzen die Ausgaben als Fortbildungskosten steuerlich ab. Das Finanzamt kennt dafür den Ausdruck *Werbungskosten.* Entscheidend für die Absetzbarkeit: Ihr Arbeitgeber muss diese Weiterbildung veranlassen. Besorgen Sie sich daher von ihm eine entsprechende Bescheinigung! Alternativ setzen Sie die Ausgaben als Ausbildungskosten ab. Auch hierfür hat das Finanzamt einen speziellen Posten: *Sonderausgaben*. Eine nützliche Adresse bei der Auswahl, Marktbeobachtung und Finanzierung von Weiterbildungsinformationen – inklusive Warnungen vor schwarzen Schafen in der Branche – ist die Aktion Bildungsinformation (ABI); im Internet unter *www.abi-ev.de*.

**Fünf arbeitsfreie Tage im Jahr für Bildungsurlaub**

Jeder Arbeitnehmer hat laut Arbeitnehmerweiterbildungsgesetz prinzipiell ein Anrecht auf fünf Tage Bildungsurlaub im Jahr. Da in Deutschland Bildung Ländersache ist, hat jedes Bundesland eigene Regelungen; manche sehen eine derartige Freistellung nicht vor. Das sind die generellen Voraussetzungen für die Gewährung von Bildungsurlaub:

- Das Seminar oder der Kurs muss durch das Arbeitnehmerweiterbildungsgesetz anerkannt sein und betrieblichen oder dienstlichen Zwecken dienen.
- Studienreisen werden nicht als Bildungsurlaub anerkannt.
- Bildungsurlaube müssen an mindestens fünf aufeinanderfolgenden Tagen stattfinden, nur in Ausnahmefällen sind drei Tage möglich.
- Der Arbeitnehmer muss die Weiterbildung so früh wie möglich, mindestens aber sechs Wochen vor Beginn, schriftlich bei seinem Arbeitgeber anmelden.
- Verweigert der Arbeitgeber die Freistellung, muss er dem Arbeitnehmer die Gründe innerhalb von drei Wochen schriftlich mitteilen. Hört der Arbeitnehmer drei Wochen lang nichts, gilt die Freistellung als erteilt!
- Kleinbetriebe unter 50 Beschäftigten müssen pro Kalenderjahr nur zehn Prozent ihrer Belegschaft für Bildungsurlaub freistellen. In Betrieben unter zehn Beschäftigten gibt es keinen Anspruch auf Bildungsurlaub.

Bundesländer, die das Recht auf Bildungsurlaub ausdrücklich anerkennen und fördern, sind Berlin, Brandenburg, Bremen, Hamburg, Hessen, Mecklenburg-Vorpommern, Niedersachsen, Nordrhein-Westfalen, Rheinland-Pfalz, das Saarland, Sachsen-Anhalt und Schleswig-Holstein. Nähere Informationen finden Sie auf den Websites *http://www.bildungsurlaub.de* oder *http://www.iwwb.de/links/bildungsurlaub.*

**Glückliche Österreicher, arme Schweizer!**
Seit 1998 gibt es in Österreich eine gesetzliche Regelung zur so genannten Bildungskarenz, die republikweit gilt. Sie kann zwischen Arbeitgeber und Arbeitnehmer nach §11 des Arbeitsvertragsrechts-Anpassungsgesetzes (AVRAG) vereinbart werden. Nähere Informationen finden Sie auf der Internet-Seite
*http://wien.arbeiterkammer.at/www-397-IP-1963.html.*

In der Schweiz existiert weder die Möglichkeit auf Bildungsurlaub noch auf Bildungskarenz.

> *Es gibt Diebe, die nicht bestraft werden und einem doch das Kostbarste stehlen: die Zeit.*
>
> Napoleon Bonaparte, französischer Staatsmann

Der größte Zeitfresser in Ihrem Büroalltag sind E-Mails. Dahinter rangieren Telefon und Kopierer – gefolgt von Chefs, die ständig mit einem neuen Spontanauftrag hereinplatzen. Bevor Sie versuchen, diese Zeitdiebe wieder einzufangen, sollten Sie sich einige grundsätzliche Gedanken machen, warum Ihnen scheinbar so wenig von der Ressource Zeit zur Verfügung steht.

**Müssen Sie jeden Abend länger arbeiten?**
Wenn Sie nie rechtzeitig Feierabend machen können, liegt es vielleicht auch daran, dass Sie Ihren Arbeitsalltag nicht optimal organisiert haben. Es beginnt mit den kleinen Dingen:

- Erscheinen Sie morgens pünktlich und beginnen Sie sofort mit der Arbeit: Kein Kaffee, kein Schwätzchen, kein Rundgang durch die Abteilung – so sind 15 Minuten extra drin.
- Fertigen Sie stattdessen eine To-do-Liste an – mit allem, was Sie an diesem Tag erledigen müssen. Dieses System spart Ihnen weitere Zeit.
- Wenn etwas Dringendes dazwischen kommt, setzen Sie es oben auf die To-do-Liste. Erledigen Sie die Aufgabe sofort, haben Sie den Kopf frei.
- Falls Sie Lästiges gerne aufschieben, arbeiten Sie die To-do-Liste einmal pro Woche von unten ab. So schaffen Sie auch die unangenehmen Jobs.

- Richten Sie sich feste Zeiten für Ihre Telefonate ein. Und fassen Sie sich kurz! Das Gleiche gilt für Besuche von und bei Kollegen.

**Effizientes Telefonieren**

Das Telefon ist eines der besten Mittel zum Zeitsparen. Wird es nicht effizient genutzt, ist es eines der größten Zeitfresser. Feste Zeiten für Telefongespräche sind ein guter Ansatz: Verteilen Sie die Anrufe, die Sie sich vorgenommen haben, nicht auf den ganzen Tag. So würden Sie ständig aus Ihrer Arbeit herausgerissen! Bündeln Sie Ihre Telefonate. Die besten Zeiten, um andere zu erreichen, sind die von 9 Uhr 30 bis 11 Uhr 30 und von 14 Uhr bis 16 Uhr.

Zeit gewinnen Sie auch dadurch, dass Sie die zehn größten Telefonsünden vermeiden. Der Zeitmanagement-Experte Lothar J. Seiwert hat sie aufgeführt:

1. Unklare Zielsetzung
2. Nachlässige Vorbereitung
3. Ungünstiger Zeitpunkt
4. Lange Suche nach der Teilnehmernummer
5. Verlegen der benötigten Unterlagen
6. Keine Stichwörter vor dem Gespräch
7. Keine Erklärung der Gesprächsabsicht
8. Zu viel Reden statt Zuhören und Fragen
9. Keine Gesprächsnotizen
10. Keine konkreten Abmachungen

Wenn Sie diese Liste vor jedem Telefonat heranziehen und die einzelnen Punkte umsetzen, werden Sie in Zukunft einiges mehr an Zeit zur Verfügung haben.

**Kluges Kopieren**

Mit einem weiteren, unscheinbaren Schritt nehmen Sie Hektik aus Ihrer Arbeit und vermeiden Zeitverluste: Kopieren Sie rationell!

Fragen Sie sich bei Tageskopien, ob diese Arbeit wirklich erforderlich ist. Wäre nicht ein funktionierendes Ablagesystem besser?

Auch wenn die Versuchung groß ist: Machen Sie nicht einfach mal eine Kopie zwischendurch. Sammeln Sie das Material, das Sie kopieren müssen, und erledigen Sie alles in einem Abwasch. Die ideale Kopierzeit ist nach dem Mittagessen. Dann sind Sie vom Essen ohnehin müde. Kopieren strengt nicht an und bringt den Kreislauf durch das Stehen wieder etwas in Schwung.

**Ein Chef, der ständig hereinplatzt**

Wenn Ihr Chef wegen jeder Kleinigkeit in Ihr Büro rennt und Sie unterbricht, weil Sie rasch noch etwas für ihn erledigen sollen – können Sie diesem Verhalten leicht einen Riegel vorschieben: Verständigen Sie sich mit Ihrem Chef, welcher Zeitpunkt für die Abstimmung von Terminen und Aufgaben günstig wäre: morgens, bevor er sich einer Aufgabe widmet; oder am späten Vormittag, wenn Sie die Post geöffnet und ihm vorgelegt haben. Schlagen Sie ihm vor, dass er Ihnen per E-Mail oder handschriftlicher Notiz Mitteilungen zukommen lässt wie «Abstimmung eines Termins mit einem Geschäftspartner» oder «Herstellen eines Telefonkontakts». Betonen Sie, dass es Ihr Ziel ist, ihn so umfangreich und effektiv wie möglich zu entlasten, und dass Sie seine Hilfe dazu brauchen.

Nachdem Sie sich auf eine Lösung geeinigt haben, braucht es eine gewisse Zeit, bis sich das neue Verhalten eingespielt hat. Bleiben Sie geduldig, aber hartnäckig, wenn es nicht auf Anhieb klappt.

**Weitere Zeitfresser**

Jetzt sind Sie den Hauptzeitdieben bereits erfolgreich zu Leibe gerückt und haben vielleicht schon eine ganze Stunde an zusätzlicher Zeit gewonnen. Falls Sie noch mehr wollen, können Sie auf diesen Feldern aktiv werden:

- Posteingangsbücher: Übernehmen Sie dieses System in Ihren

PC! Das ist weniger zeitraubend und Sie finden Infos über eingegangene Unterlagen viel schneller wieder.

- Akten: Fertigen Sie Statistiken nur für die Ablage an? Dann sprechen Sie mit Ihrem Chef, ob Sie diese Zeit nicht für sinnvollere Aufgaben nutzen sollten.
- Verteiler: Erhalten Sie zu viele Zeitschriften und Rundschreiben, die für Sie nicht von Belang sind? Lassen Sie sich von den Listen streichen!

**So verbessern Sie Ihr Zeitmanagement**

Nachdem Sie die kurzfristigen Maßnahmen umgesetzt haben, entwickeln Sie eine langfristige Strategie. Beginnen Sie mit einer Analyse des Ist-Zustands: Notieren Sie eine Woche lang jeden Tag, was Sie wann tun und ob Sie dabei unter Zeitdruck standen oder nicht. Wichtig ist, dass Sie einen Zeitraum wählen, der möglichst repräsentativ für Ihren Büroalltag ist, um aussagekräftige Ergebnisse zu bekommen. Halten Sie fest, wie hoch die Abweichung zwischen Planung und tatsächlichem Zeitbedarf pro Tag und pro Woche ist. Bei welchen Aufgaben haben Sie den Zeitbedarf bisher zu niedrig eingeschätzt? Können Sie davon einige streichen? Notieren Sie auch die Aufgaben, die Ihnen besonders leicht von der Hand gehen, und die Zeiten, in denen Sie besonders leistungsfähig sind.

Gehen Sie anschließend daran, Ihre Zeitplanung zu optimieren:

- Streichen Sie alle unnötigen Aufgaben.
- Delegieren Sie Aufgaben, die Sie nicht selbst erledigen müssen.
- Erwägen Sie bei den verbleibenden Aufgaben, deren Zeitaufwand Sie bislang falsch eingeschätzt haben, ob Sie diese rationeller erledigen können. Können Sie den Zeitaufwand für Routineaufgaben minimieren?
- Warum fallen Ihnen bestimmte Dinge leicht, andere schwer? Hat es zu tun mit bestimmten Tageszeiten? Oder liegen Ihnen manche Aufgaben nicht?

Nachdem Sie wissen, wo Sie Zeit einsparen, verplanen Sie Ihre Tage so genau wie möglich. Nicht vergessen: Rechnen Sie die zehn Minuten täglich für die Planung mit ein!

Auch wenn Sie nicht alles in Perfektion umsetzen, ist das keine Katastrophe. Vor allem nicht für Ihren Chef: Bei hundertprozentigem Zeitsparerfolg müsste er Ihnen eine Halbtagsstelle einrichten.

# Register

Die hier aufgeführten Begriffe decken sich nicht mit den Kapitelüberschriften und erleichtern die Suche nach einem bestimmten Thema.